# 孤独症谱系障碍者未来安置探寻

肖 扬◎著

## 图书在版编目（CIP）数据

孤独症谱系障碍者未来安置探寻 / 肖扬著. -- 北京:华夏出版社有限公司, 2023.4

ISBN 978-7-5222-0462-8

Ⅰ.①孤… Ⅱ.①肖… Ⅲ.①孤独症－成年人－安置－研究－中国 Ⅳ.①D669.69

中国国家版本馆 CIP 数据核字(2023)第 013052 号

## 北京社会建设专项资金项目

©华夏出版社有限公司　未经许可，不得以任何方式使用本书全部及任何部分内容，违者必究。

## 孤独症谱系障碍者未来安置探寻

| 作　　者 | 肖　扬 |
|---|---|
| 策划编辑 | 刘　娲 |
| 责任编辑 | 刘　畅 |
| 责任印制 | 顾瑞清 |

| 出版发行 | 华夏出版社有限公司 |
|---|---|
| 经　　销 | 新华书店 |
| 印　　装 | 三河市少明印务有限公司 |
| 版　　次 | 2023 年 4 月北京第 1 版<br>2023 年 4 月北京第 1 次印刷 |
| 开　　本 | 710×1000　1/16 开 |
| 印　　张 | 14.75 |
| 字　　数 | 170 千字 |
| 定　　价 | 69.00 元 |

**华夏出版社有限公司**　地址：北京市东直门外香河园北里 4 号　邮编：100028
网址：www.hxph.com.cn　电话：(010) 64663331（转）
若发现本版图书有印装质量问题，请与我社营销中心联系调换。

谨以此书献给

与孤独症谱系障碍不懈抗争的人们!

# 自 序

自1982年我国首次报告孤独症病例至今已经41年了。41年来，我国在孤独症的诊断、康复、教育等方面取得了巨大进步，与此同时，孤独症的患病率和疾病负担也不断攀升。据不完全统计，目前我国孤独症障碍者已逾千万。

伴随一代代孤独症障碍者的成长，早期的确诊者已步入中年，受疾病等因素的影响，他们中的绝大部分人无法就业和婚育，作为其主要照料者的父母也已步入老年，逐渐失去了继续照料的能力。一旦父母离去，孤独症障碍者将归依何处成为这些家庭的终极焦虑。事实上，"父母走了，孩子怎么办"不仅是孤独症家庭[①]面临的问题，也是我国所有心智障碍者[②]和一些罕见病患者家庭同样面临的问题，涉及的家庭人口达8000多万，成为社会民生的痛点，亟须通过国家的制度安排和全社会的共同努力来解决。

孤独症障碍者的安置是一项复杂的系统工程，需要社会的人文关怀和现实关照，但社会上对孤独症的认知尚存偏颇与不足，也需通过相关知识的普及和倡导，引发更多的社会关注，构建有利于孤独症障碍者生存发展的支持性环境。

虽然障碍子女的未来安置问题已迫在眉睫，但却因其涉及人身监

---

① 本书中的"孤独症家庭"系指养育有孤独症子女的家庭。
② 本书中的心智障碍者包括孤独症谱系障碍者在内的精神障碍者、唐氏综合征和脑瘫患者以及其他智力发育迟缓者。

护、财产信托、托养服务、医疗保障等专业领域，需要在了解法律、金融、康复、保障等多方面知识的基础上做出抉择，这使照料负担已很沉重的家长深感困惑无助乃至焦灼恐惧。

孤独症障碍者是社会的弱势群体，弱势群体的利益诉求往往是社会发展的重要议题，他们的生存状况不仅是检验社会文明进步的标尺，也是促进社会发展的动因。从这个意义上讲，孤独症障碍者的安置不应作为家庭的终极问题而存在，而应是一个关乎民生短板的社会议题，需要认真加以研究。

2017年，在相关学术研究暂付阙如的情况下，我不揣浅薄向中共北京市委社会工作委员会和首都民间组织发展促进会（现名：首都社会组织促进会）提请实施"大龄/成年孤独症未来生存与发展"项目，得到他们的大力支持。该项目包括对大龄/成年孤独症障碍者[①][②]家长和服务提供者开展系列公益培训、编写系列培训教材、以全国两会提案议案为核心的政策倡导和成年孤独症障碍者安置研究四个方面。本书是该项目研究部分的成果。

本书旨在深入探讨成年孤独症家庭最为关心的未来安置问题，聚焦被视为安置重点和难点的监护监督、财产信托和托养照料三个方面，记述围绕解决这一问题的最新进展，分析未来安置面临的现实困境及其成因，提出相关的政策和行动方向建议。

为尽可能多地掌握第一手资料，我先后赴15个省、市、自治区的大龄/成年孤独症障碍者服务机构、相关的保险信托公司、街道居委会、心智障碍者家长组织、有关的基金会和养老服务机构进行实地调

---

① 本书中的"大龄孤独症障碍者"特指16周岁以上18周岁以下的孤独症谱系障碍者，以下简称"大龄孤独症"。

② 本书中的"成年孤独症障碍者"特指18周岁及18周岁以上的孤独症谱系障碍者，以下简称"成年孤独症"。

研。访谈全国人大代表、国家部委和残联组织相关负责人、专家学者、成年孤独症障碍者及其家长共百余人。同时，鉴于这一项目涉及法律、金融、康复服务和社会保障等多个领域，本研究也注意采用多学科的方法加以分析和阐释。

全书共分四章。第一章绪论。主要介绍研究的背景与目的，对既往研究的评述和本研究的整体设计、特色与局限。

第二章监护监督篇。主要包括各种监护类型及其异同；孤独症家庭如何选择监护人和如何保障被监护人利益；成年监护监督的国际经验和国内监护制度变革对孤独症家庭的影响；我国在成年孤独症障碍者监护领域的创新实践、面临的现实困难与成因分析；相关的政策建议和家长的行动方向。

第三章财产信托篇。主要介绍信托的基本概念、种类及对孤独症家庭的特殊意义；域外和中国香港的特殊需要信托；现阶段我国内地特殊需要信托的发展及对不同信托模式的探索。同时，了解不同经济状况的孤独症家庭对信托的认知与态度，并就制约我国特殊需要信托发展的主要因素提出了政策建议与家庭策略。

第四章托养照料篇。主要介绍托养服务的定义与家长对托养服务的认知；我国托养服务的发展历程和成年孤独症障碍者托养服务的现况；国际上成年孤独症障碍者的主要安置服务模式；我国在成年孤独症障碍者安置模式上的探索创新；成年孤独症障碍者生活安置的多种选择与前置性策略；目前我国成年孤独症障碍者托养服务面临的主要挑战及相应的对策与行动。

附录部分为项目实施过程中，在调研基础上形成的提交全国人大的建议。

本书力求将孤独症障碍者的安置寓于国际残疾人事业发展和国家

法律制度变革的时代背景中加以考察，记述社会变迁和制度变革对孤独症障碍者安置的影响。从孤独症障碍者及其家庭的视角和需求出发，对成年孤独症障碍者安置的相关知识进行系统梳理与分析，真实反映孤独症家庭的核心诉求与生命样态，通过对这一弱势群体的利益表达，为政府制定相关政策提供参考。

从纵向时间维度上，本书着重回顾、归纳总结了近些年来我国在孤独症障碍者的监护监督、信托服务和托养照料领域的政策发展、理论探索和创新实践，对家长组织、服务机构和专业人士推动孤独症群体安置筚路蓝缕的艰辛历程进行了记述与呈现。从横向空间维度上，本书注意整理、介绍了国际社会孤独症障碍者监护、信托以及目前主要的生活安置模式，并通过对国际经验的分析借鉴，探索具有中国特色的孤独症障碍者安置办法。

虽然本书主要探讨孤独症谱系障碍者未来安置问题，但因其与其他心智障碍者群体有很强的相通性，故本书对心智障碍者的未来安置也多有论及。同时，鉴于我国"以老养残"家庭存在的系统性风险，也需要通过国家的制度设计加以规避，为此，本书对"老残双养"[①]的现况也有所探讨。

成年孤独症障碍者安置是一个复杂且富有挑战性的命题，本书所讨论的内容十分有限，主要是在实证研究的基础上展开思路、分析和探索。同时，该研究作为一项个人研究成果，受一己之力与本人学识之局限，其疏漏失当之处在所难免，敬请各方谅解。尤其是值付梓之际受多方面因素影响，未及充分研讨征求意见，实为作者的一大憾事！真诚希望专家学者和读者朋友不吝赐教！

---

① 本书中的"老残双养"特指已步入老年的孤独症人士的父母与他们已经成年的孤独症子女一同入住养护照料机构。

期望本书的出版能够对为子女安置感到困惑无助的孤独症家庭有所裨益，能够增进学界和社会对孤独症障碍者群体的关注与支持，尽到以研究促进改变的学术责任。

党的二十大报告指出"完善残疾人社会保障制度和关爱服务体系"是新时代的重要任务之一。孤独症障碍者群体的安置是完善我国残疾人关爱服务体系的应有之义，是新时代残疾人事业高质量发展的重要体现。在着力促进全体人民共同富裕的当今中国，孤独症障碍者的安置不仅仅是关注民生呼唤的体现，也不仅仅是科研领域的一个学术议题，它将上升为国家意志和政府行动，成为鲜明可见的发展现实。

未来总是充满希冀和值得期待的，我们坚信，伴随时代的进步和社会发展，孤独症障碍者的父母一定能够实现他们与子女生死两相安的终极愿望，孤独症障碍者也一定会过上有尊严、有意义的生活，拥有有价值的人生！

让我们一起期待，一起努力！

2023 年春于北京

# 致 谢

作为孤独症谱系障碍者安置研究的最终成果,本书在即将付梓之际,我对为本研究提供过支持与帮助的所有人士、机构和组织致以最诚挚的谢忱!

首先由衷地感谢我们所处的时代,正是由于《民法典》等法律政策的变革,为孤独症障碍者安置提供了制度空间,使监护、信托领域的创新实践成为可能,并成为本书记述的重要内容。

衷心感谢中共北京市委社会工作委员会和首都社会组织促进会破例支持了这一研究课题立项,正是你们对孤独症群体的特别关爱,激励我不负信任,克服困难,尽心竭力地完成好这一项目。同时,感谢北京市孤独症儿童康复协会的支持。

衷心感谢每一位与我倾心长谈的家长,是你们敞开心扉的倾诉,使我得以深入了解孤独症群体不同的生命样态与核心诉求,本书的一些行动策略来自你们的经验和智慧。

衷心感谢所有热情接待过我的大龄/成年孤独症服务机构的创办者和家长组织负责人,你们是我心目中的英雄,你们筚路蓝缕的探索、于困境之中的坚守,连同你们的生命故事一直感动和激励着我,坚持、坚持、再坚持,直至完成全书的写作。

衷心感谢各领域专家学者与专业人士给予的无私帮助,杨晓玲、孙敦科、许家成、孟维娜、冯善伟、刘金霞、范晓红、赵郁、杨欢和马国新老师,是你们的专业指导,增强了我完成这一跨学科研究的勇气和信心。

感谢接受访谈的孤独症障碍者和我亲爱的儿子，正是你们的存在与回答使我深刻感悟了尊重每一位生命个体的意义以及我的使命，这本书是为你们而作。

衷心感谢全国人大代表、相关政府部门和残联组织的领导，正是你们的努力和支持，使这一科研成果得以转化为两会建议和政府的行动，促进公共监护的完善。

在这里，我要特别感谢华夏出版社给予孤独症群体的特别关爱。尤其感谢刘娲女士，正是她热忱主动的帮助，使本书得以正式出版。同时感恩她与责任编辑刘畅老师为此付出的心力，她们的敬业精神和极具专业水准的建议，不仅提升了本书的质量，也加深了我对编辑职业的敬畏。她们以自己的方式推进着残疾人事业的进步。

最后，我要感谢每一位关注到本书的读者，并期待着你们的批评与建议，因为前面还有很长的路要走……

# 目 录

第一章　绪论 / 1
　　一、研究背景 / 1
　　二、目的与意义 / 4
　　三、文献综述 / 6
　　四、研究方法 / 10
　　五、调查的实施 / 13
　　六、研究特色 / 16
　　七、研究局限 / 18
　　八、定量研究的主要发现 / 18

第二章　监护监督篇 / 21
　第一节　监护的相关概念与家长认知 / 21
　　一、有关监护的基本概念 / 21
　　二、监护人的定义及适用范围 / 22
　　三、监护人的权利和义务 / 23
　　四、监护人的职责与作用 / 23
　　五、家长对监护人的认知 / 24
　第二节　监护人选择与被监护人的权益保障 / 25
　　一、孤独症家庭如何选择监护人 / 25

二、如何保障被监护人的利益 / 26
三、关于成年监护协议的订立 / 27

第三节　全球监护制度改革及经验借鉴 / 30
一、国际监护制度发展概要 / 30
二、联合国推动残疾人保护范式的转型 / 32
三、日本的成年监护制度及经验借鉴 / 33
四、中国香港的监护制度与经验 / 36

第四节　我国监护制度变革及对孤独症家庭的影响 / 40
一、对我国监护制度的简要回顾 / 40
二、《民法典》成年监护的主要类型 / 41
三、对主要监护类型异同的比较 / 44
四、《民法典》保障被监护人权利的新亮点 / 46
五、监护制度变革对孤独症家庭的影响 / 48

第五节　我国在成年孤独症监护领域的创新实践 / 50
一、以研究学习和知识传播为先导 / 51
二、社会监护组织的孕育与建立 / 52
三、成年孤独症监护协议的签署 / 55
四、推动国家成年监护监督体系的构建 / 57
五、对成年孤独症监护发展趋势的认识 / 58

第六节　成年孤独症监护的现实困境与成因分析 / 59
一、成年孤独症监护难的现实困境 / 59
二、成年监护监督的痛点与现实状况 / 61
三、微观家庭层面的原因及后果分析 / 62
四、中观组织层面的问题及因素分析 / 66
五、宏观国家层面的问题与原因分析 / 67

第七节　政策建议与行动方向 / 70
　　一、对国家和政府的政策建议 / 70
　　二、对社会监护组织和家长组织的建议 / 72
　　三、对孤独症家长的行动建议 / 73

第三章　财产信托篇 / 77
第一节　信托的基本概念与种类 / 78
　　一、信托的概念及构成要素 / 78
　　二、财产信托的种类 / 78
第二节　信托的类别及特点比较 / 79
　　一、家族信托 / 79
　　二、保险金信托 / 80
　　三、遗嘱信托 / 83
　　四、特殊需要信托 / 88
　　五、现阶段我国的特殊需要信托 / 90
第三节　域外和中国香港的特殊需要信托 / 93
　　一、美国的特殊需要信托 / 93
　　二、新加坡的特殊需要信托 / 95
　　三、中国香港的特殊需要信托 / 96
第四节　我国内地特殊需要信托的进展 / 98
　　一、国家政策层面 / 98
　　二、相关研究的进展 / 100
　　三、实践行动的发展 / 104
第五节　多元化信托模式的探索 / 107
　　一、信托＋监察＋成年服务模式 / 108

二、信托 + 监护 + 遗嘱模式 / 109

三、保险 + 信托模式 / 110

四、保险 + 信托 + 托养模式 / 112

五、提存公证 + 遗嘱 + 监护模式 / 114

第六节　孤独症障碍者家庭与财产信托 / 116

一、经济状况不同的家庭对财产信托的态度 / 117

二、家长在子女和财产安置上的迷思 / 120

第七节　制约特殊需要信托发展的主要因素 / 124

一、对特殊需要信托认识不一 / 124

二、相关的法律法规亟待完善 / 126

三、缺乏政府背书和公权力的介入 / 126

四、金融与实体服务的衔接尚缺乏保障 / 127

五、成年托养服务的不足制约信托的发展 / 127

六、成年监护的缺失限制信托服务的利用 / 129

七、信托公司与公证部门的长期服务动力不足 / 130

八、设立信托手续繁杂，面临诸多挑战 / 130

九、家长金融知识的欠缺影响信托的设立 / 131

第八节　政策建议与家长行动策略 / 133

一、国家立法层面 / 133

二、政府层面 / 134

三、研究层面 / 136

四、信托层面 / 137

五、组织层面 / 138

六、家长的行动策略 / 139

## 第四章　托养照料篇 / 143

### 第一节　托养服务的定义与家长的认识 / 143
一、残疾人托养服务的定义 / 143
二、残疾人托养服务的目标 / 144
三、残疾人托养服务的方式 / 144
四、家长对托养服务的认识与关切 / 144

### 第二节　我国残疾人托养服务的发展历程 / 146
一、探索前行阶段 / 146
二、开拓发展阶段 / 147
三、制度化、规范化建设阶段 / 148

### 第三节　成年孤独症托养服务的现况 / 149
一、寄宿制托养服务 / 149
二、日间照料服务 / 154
三、居家服务 / 159

### 第四节　成年孤独症家庭的"双养"现况 / 160
一、孤独症家庭的"双养"需求及现实状况 / 160
二、推动孤独症和智力障碍家庭的"双养"尝试 / 163

### 第五节　国际成年孤独症的安置服务模式 / 165
一、国际残疾观念与服务模式的转变 / 165
二、国外孤独症障碍者的生活安置模式 / 167

### 第六节　我国成年孤独症生活与安置服务模式探索 / 171
一、北京利智的自主生活创新 / 171
二、星星小镇的成年孤独症康养实践 / 172
三、慧灵家合的社区化生活探索 / 174
四、各地成年孤独症生活与安置服务的发展 / 176

第七节　成年孤独症生活的多种选择与前置性策略 / 177
　　一、成年孤独症安置的多种选择 / 177
　　二、父母在子女未来安排上的前置性策略 / 182
第八节　成年孤独症托养服务面临的挑战 / 185
　　一、残疾观念的滞后 / 185
　　二、托养服务发展不平衡 / 186
　　三、托养服务人才匮乏 / 187
　　四、民办机构步履维艰 / 191
　　五、托养服务模式固化单一 / 192
第九节　政策建议与未来行动 / 193
　　一、将贫困重度孤独症障碍者的托养服务作为优先发展领域 / 193
　　二、扶持民办托养服务机构健康发展 / 193
　　三、加快专业人才的培养供给与职业建设 / 194
　　四、促进成年孤独症社区化服务的发展 / 194
　　五、加强对孤独症障碍者的分类统计 / 195
　　六、为孤独症障碍者营造良好的支持性环境 / 195

**参考文献** / 197

**附录一　关于加强成年孤独症群体康复与托养服务的建议** / 205

**附录二　关于构建成年心智障碍者监护监督体系的建议** / 211

**后记** / 215

# 第一章 绪 论

## 一、研究背景

### 1. 孤独症谱系障碍的定义

孤独症（Autism）又称自闭症，其专业名称为孤独症谱系障碍（Autism Spectrum Disorders，ASD），是一种神经系统广泛性发育障碍，其主要特征表现为社会交往和情感交流能力严重受损，语言发育迟滞或丧失，兴趣狭隘、行为刻板重复，部分患者伴有智力低下等多重障碍。由于孤独症病因不明，无法治愈，症状会伴随一生，绝大多数患者无法独立生存，需要终生照料。

### 2. 孤独症患病率与疾病负担

近些年，孤独症患病率在全球呈现不断增长的趋势，根据世界卫生组织（WHO）2012年的报告，全球平均孤独症患病率为0.62%，相当于160个儿童中有一位孤独症儿童。[1] 最近的研究显示孤独症患病率多在1%~1.5%之间，且在国际研究中具有相对一致性。[2] 通过对全球疾病负担（GBD）的数据分析，可以发现以伤残调整寿

---

[1] Zwaigenbaum L, Penner M. Autism spectrum disorder:Advances in disorder: advances in diagnosis and evaluation[J/OL]. *British Medical Journal*, 2018, 361.[2020-01-06].https://www.bmj.com/content/361/bmj.k1674. DOI: 10.1136/bmj.k1674.

[2] Zwaigenbaum L, Penner M. Autism spectrum disorder:Advances in disorder: advances in diagnosis and evaluation[J/OL]. *British Medical Journal*, 2018, 361.[2020-01-06].https://www.bmj.com/content/361/bmj.k1674. DOI: 10.1136/bmj.k1674.

年（Disability Adjusted Life Year，DALY）①为衡量指标的孤独症全球平均疾病负担已从 1990 年的 345.8 万 DALYs 上升为 2017 年的 473.1 万 DALYs，增长了 36.8%②，孤独症已成为当今世界严重的公共卫生问题。

我国自 1982 年陶国泰教授首次报告诊断孤独症以来，距今已有 41 年的历史。2000 年以来我国关于孤独症患病率的报道，多限于省份层面的地区性研究，并呈明显上升趋势。2016 年发布的《中国自闭症教育康复行业发展状况报告Ⅱ》的数据显示，我国现有孤独症谱系障碍者 1000 余万人，并以每年超过 16 万人的速度在增长。另据《国家卫生健康委办公厅关于印发 0～6 岁儿童孤独症筛查干预服务规范（试行）的通知》（国卫办妇幼发〔2022〕12 号）数据，我国儿童孤独症患病率现约为 7‰，而根据 2006 年第二次全国残疾人抽样调查数据测算 0～6 岁儿童精神残疾的患病率约为 1‰，其中孤独症占 36.9%，可见其增长速度。与此相应，我国孤独症占总疾病负担的比例也在不断攀升，从 1990 年至 2017 年增长了 2.4 倍，而同期全球的总疾病负担增长了 1.1 倍，我国的增速明显高于全球的平均增速③。同时，我国孤独症患者涉及的家庭人口约为 4000 万人，成为社会和家庭的沉重负担。

3. 成年孤独症障碍者及其家庭的困境

伴随一代代孤独症儿童的成长和孤独症儿童数量的增多，成年孤独症群体及其家庭的生存发展问题愈发凸显，成为孤独症人士全生涯支持的重点和难点之一。

---

① 伤残调整寿命年（DALY）是指从发病到死亡所损失的全部健康寿命年，包括因早死所致的寿命损失年和伤残所致的健康寿命损失年两部分。DALY 是生命数量和生命质量以时间为单位的综合度量。

② 郭超，赵艺皓，郑晓瑛. 从罕见到高发：对孤独症的重新审视 [J]. 残疾人研究，2020（02）：60-65.

③ 同②。

首先，成年孤独症无处可去，无事可做，能力严重退化，家庭照料负担日趋沉重。

孤独症青年从学校毕业后，由于很少有企业愿意接纳他们，只能长年囿于家中，能力迅速退化，使家长、教师多年艰辛教育的结果付之东流。由于青春期的孤独症障碍者退居家中后病情加重，许多家长被迫放弃工作回家看护。根据中国精神残疾人及亲友协会（以下简称"中国精协"）2015年发布的《中国孤独症家庭需求蓝皮书》，孤独症家庭中母亲失业和在家专职照料孩子的占3500余位受访者的61.7%，另有12.4%做兼职，家庭经济拮据；孤独症家庭离婚、丧偶的比例高达18%。[1] 另一项对1785名孤独症家长[2]调查结果显示，家长"经常感到心力交瘁、压力难以承受"的达到80.3%[3]，高于其他残疾类型的家庭。特别是对成年孤独症长期的"捆绑式"照料负担使其父母面临着更高的健康风险，衰老、疾病和残疾的叠加交织，使孤独症障碍者及其父母成为共生的特殊困难群体，出现了"照料一个人，拖累一家人，致贫全家人"的情况。

其次，成年孤独症的生命与财产托付引发家长群体的焦虑。

随着孤独症障碍者年龄的不断增长，其父母也相继去世或年迈体衰，他们面临着无法继续得到监护照料的困境，而社会上能够接收成年孤独症的托养服务机构又极为有限；尤其是孤独症障碍者多为独生子女，绝大多数没有结婚生育，随着传统大家庭的式微、家庭结构小型化和社会性流动的加剧，依靠亲友来对其终生监护照料更是困难重重。

---

[1] 中国精神残疾人及亲友协会.中国孤独症家庭需求蓝皮书[M].北京：华夏出版社，2014：18.
[2] 本书中的孤独症家长特指养育有孤独症谱系障碍子女的家长。
[3] 引自国家民政部内部资料——自闭症儿童生存现状及政策建议。

与此同时，由于孤独症障碍者无法自行管理财产，父母离去后，家庭财产如何能够用于子女未来的生活保障，也令广大孤独症家庭忧心忡忡。

"我走了，孩子将归依何处？"监护监督、财产托付和养护照料成为压在成年孤独症障碍者父母身上的"三座大山"，令他们陷于迷惘和忧虑之中。特别是近年来发生了父母离世后，监护人侵害和虐待其孤独症子女的极端案例，令广大家长无比悲愤与绝望。"希望我比孩子多活一天"成为众多孤独症子女家长的共同心愿，这不仅反映了孤独症家庭的绝望与悲凉，也成为我国社会迫切需要解决的民生痛点。特别值得重视的是，"父母走了，孩子怎么办"，也是我国2500万心智障碍者和一些罕见病患者的父母同样面临的问题，亟须通过国家的制度安排和公共政策提供支持和保障加以解决。

习近平总书记指出，残疾人是一个特殊困难的群体，需要格外关心、格外关注。让广大残疾人安居乐业、衣食无忧，过上幸福美好的生活，是我们党全心全意为人民服务宗旨的重要体现，是我国社会主义制度的必然要求。①

为此，本项目以"父母走了，孩子怎么办"这一孤独症障碍者安置的终极问题作为着力点展开对策研究。

## 二、目的与意义

1. 研究目的

①了解我国成年孤独症家庭在子女安置上的想法、面临的主要问题和需求。

②系统梳理孤独症障碍者监护监督、财产信托和托养照料的相关

---

① 引自2014年3月20日习近平总书记致中国残疾人福利基金会成立30周年贺信。

知识及国内最新进展，为孤独症家庭解决子女安置问题提供参考和借鉴。

③回答我国孤独症家庭的现实之问，形成提交高层决策的政策建议，为政府制定相关政策规划提供现实依据和智力支持。

2. 研究意义

（1）理论价值

本研究聚焦成年孤独症家庭最为关切的安置问题，并将之寓于国家一系列法律制度变革的时代背景中加以考察，通过与国际经验的对比分析，探索具有中国特色的孤独症群体安置路径，具有积极的理论意义。

本研究从孤独症障碍者及其家庭的视角出发，运用实证研究方法，首次对成年孤独症的监护监督、财产信托和托养照料进行系统地梳理与分析，有利于丰富和深化学界对孤独症障碍者安置的认识和研究，具有一定的学术价值。

本研究追踪、整理了我国在孤独症障碍者的监护监督、信托服务和托养照料领域发生的法律变革、理论进展和创新实践，并对各地的家长组织和专业人士推动孤独症群体未来发展的艰辛历程进行了记述与呈现，具有一定的史料价值。

（2）现实意义

本研究有助于孤独症障碍者家长了解子女安置的相关知识与行动策略，为迷茫中的他们提供资讯，使其有所获益；有助于唤起人们对孤独症障碍者的关注、理解与支持，给予更多的人文关怀和现实关照，构建残健融合的社会。

本研究真实地反映孤独症群体及其家庭的核心诉求，对于政府出台相关政策具有一定的倡导作用，有利于促进孤独症障碍者安置服务体系的构建。

## 三、文献综述

本研究文献综述的资料来源是以"孤独症/自闭症"为主题，以"安置"为关键词，通过对中国知网总库进行高级检索获得，检索范围涵盖中外文学术期刊全文数据库、硕博学位论文数据库、会议报告、报刊和图书等。仅在学术期刊库检索到一篇与本研究相关的论文。

笔者继而从以"孤独症/自闭症"为主题扩大范围到以"心智障碍者"和"安置"为主题进行检索，获得学术期刊论文17篇，硕士学位论文1篇，其中多为英文。

综观中外学者的研究，主要集中在以下几个方面：

### 1.对心智障碍者未来安置问题的研究

国外从20世纪50年代开始对心智障碍者安置问题进行研究，至80年代，心智障碍者未来安置逐步发展成为一个社会议题，其研究框架与成果相对丰富。卡特莱特（Cartwright）等学者通过澳大利亚一个非营利组织的"品质生活10年"项目，协助心智障碍者家庭制订安置计划，其内容包括心智障碍者的住房安置，法律和财务规划（监护、遗嘱和信托），医疗保障和休闲娱乐活动。[1][2] 林达尔（Lindahl）等学者则通过访谈成年心智障碍者亲属对未来安置的看法，提出应从确定未来的照顾者、住房安置、法律规划、财务规划、日常护理、医疗保

---

[1] Cartwright C.Futures planning for older carers of adults with disabilities phase 3[J]. *Report to Ageing,Disability and Home Care*, NSW Department of Human Services,2011,56(4).

[2] Craig J E, Cartwright C.A10-Year Plan for quality living for people with disabilities and their carers[J].*British Journal of Learning Disabilities*, 2015,43(4):302-309.

障和交通出行七个方面规划未来。[①]刘惠芳基于对既往文献的回顾分析，发现在家庭的未来安置规划中住房安置、财务管理与法律规划出现的频次最高，其次是日常护理、医疗保障、未来的照顾者、交往与陪伴，出现频次最低的是技能发展、交通出行和休闲娱乐，并认为未来安置规划的主要内容应包括日常护理、住房安置、法律规划、财务规划、医疗保障和情感关怀六个方面。[②]

### 2. 照顾者对心智障碍者未来安置的态度

由于家庭情况不同，心智障碍者的照顾者对安置的态度也不尽相同，但国内外的相关研究都表明，照顾者回避或不愿意讨论未来安置议题是一个普遍存在的事实，[③④⑤]大多数家庭没有制订安置计划，即使在少数制订了安置计划的家庭中，其计划也并不全面或缺乏明确的行动指向[⑥]。

韩央迪等人在上海进行的一项"老养残"家庭的实证研究中发现，上海市家庭照料者对心智障碍者未来安置的态度分为三种：一是走一

---

[①] Lindahl J, Stollon N, Wu K, et al. Domains of planning for future long-term care of adults with intellectual and developmental disabilities: Parent and sibling perspectives[J]. *Journal of Applied Research in Intellectual Disabilities*, 2019, 32(5):1103-1115.

[②] 刘惠芳. 成年心智障碍者人士未来安置规划研究[D]. 广东：广东工业大学，2020：6.

[③] Davys D, Mitchell D, Haigh C. Futures planning-adult sibling perspectives[J]. *British Journal of Learning Disabilities*, 2015, 43(3):219-226.

[④] Seltzer M M, Krauss M W, Walsh P, et al. Cross-national comparisons of ageing mothers of adults with intellectual disabilities[J]. *Journal of Intellectual Disability Research*, 1995, 39(5):408-418.

[⑤] Taggart L, Truesdale-Kennedy M, Ryan A, et al. Examining the support needs of ageing family carers in developing future plans for a relative with an intellectual disability[J]. *Journal of Intellectual Disabilities*, 2012, 16(3):217-34.

[⑥] Anderson L L, Hewitt A, Lulinski A, et al. FINDS-Family and individual needs for disability supports: community report[R]. 2018. DOI：10.13140/RG.2.2.27673.31845.

步看一步，随遇而安；二是认为考虑未来只会徒然悲伤，没有意义；三是已有初步打算，总体上比较消极，照顾者的忧心无以安放[1]。刘惠芳通过研究也认为，照顾者对未来安置的认知程度偏低，态度较为消极，对不同安置规划内容的参与程度也存在差异。

中国精协 2022 年对全国 5669 位孤独症障碍者家长进行的调查结果显示，还没有考虑子女未来安置的家长占 53%，正在考虑的为 45.1%，已有计划的仅占 1.9%。导致这一结果的原因主要是家长对子女的未来安置没有信心（85.3%）[2]。

### 3. 心智障碍者家庭在未来安置上面临的主要困难

安置是一项复杂的系统工程，需要多方面的知识储备，国内外的文献研究表明，相关知识和服务信息的匮乏以及缺乏专业指导，使心智障碍者的家人在考虑安置问题时无计可施，更多地表现为没有制订任何安置计划[3]，他们的主要障碍和压力来源是缺乏知识和信息，如果家人年迈，则更是如此[4][5][6]。

---

[1] 韩央迪，张丽珍，陈琳."老养残"家庭对未来安置规划的态度与选择——基于上海市成年心智障碍者人士家庭的实证研究[J]. 中州学刊，2018，（12）：72-77.

[2] 温洪，"孤独症成年管理与社区支持"线上交流会上的演讲，详见"青春与未来"公众号（2023 年 1 月 16 日）。

[3] Corsentino E A, Molinari V, Gum A M, et al. Family caregivers' future planning for younger and older adults with serious mental illness( SMI)[J]. *Journal of Applied Gerontology*, 2008, 27(4):466-485.

[4] Dillenburger K, Mckerr L. 'How long are we able to go on?' Issues faced by older family caregivers of adults with disabilities[J]. *British Journal of Learning Disabilities*, 2011, 39(1):29-38.

[5] Walker R, Hutchinson C. Planning for the future among older parents of adult offspring with intellectual disability living at home and in the community: A systematic review of qualitative studies [J]. *Journal of Intellectual & Developmental Disability*, 2017, 43(4):453-462.

[6] 韩央迪，张丽珍，陈琳."老养残"家庭对未来安置规划的态度与选择——基于上海市成年心智障碍者人士家庭的实证研究[J]. 中州学刊，2018，（12）：72-77.

多项研究认为，尽管安置问题涉及方方面面，但法律规划（监护监督、遗嘱、信托）、财务管理和风险评估是安置规划中对专业性要求最高的内容，也是最令父母们感到无从入手，最少能够参与其中和付诸行动的部分[①②]。刘艳霞等人发现，很多照料者对心智障碍者的未来安置表现出持续的焦虑与担忧，老年照料者更为迫切地希望获得安置方面的帮助与支持，以便为家庭成员提供可及、可负担的服务。刘艳霞等人以美国和日本为例，介绍了两国心智障碍者安置政策的发展脉络和服务内容上的创新实践[③]。

4. 研究述评

尽管国内对成年孤独症安置问题的解决已迫在眉睫，很多父母处在持续不安与焦虑之中，但关于这一群体未来安置的研究却几近空白。国外对此的研究相对丰富，但与孤独症领域中的生物医学、行为干预、康复教育等方面的研究相较，仍十分薄弱。从进一步扩展到对心智障碍者未来安置的文献研究结果看，其成果数量也十分有限，且缺乏深入、系统的研究。如缺少有关成年心智障碍人士对安置规划的主体意愿研究；调查研究的对象也主要局限于心智障碍者家庭，而对密切相关的政府部门、社会组织及各类服务机构尚缺乏研究；至于导致孤独症障碍者的照顾者对未来安置规划持消极态度的结构性因素及应对的策略等问题同样缺乏回应，这些问题都为本研究提供了继续探

---

① Lindahl J, Stollon N, Wu K, et al. Domains of planning for future long-term care of adults with intellectual and developmental disabilities: Parent and sibling perspectives[J]. *Journal of Applied Research in Intellectual Disabilitiets*, 2019,32(5):1103-1115.

② Gauthier-Boudreault C, Gallagher F, Couture M. Specific needs of families of young adults with profound intellectual disability during and after transition to adulthood : what are we missing?[J]. *Research in Developmental Disabilities*, 2017,66:16-26.

③ 刘艳霞，章琦，韩央迪. 心智障碍人士"未来安置规划"的挑战与实践：来自日美两国的经验与启示[J]. 福建论坛（人文社会科学版），2019，（02）：165-173.

索的空间。

既往学术研究成果对笔者的有益启迪还在于：孤独症障碍者的未来安置是一个极为复杂的研究命题，涉及法律制度、公共政策、财务规划、医疗保障、社会支持等诸多领域，为此，本研究必须采用科际整合的方式来破解。其次，既往研究揭示了照顾者在进行孤独症障碍者安置时面临的最大困难是缺乏法律规划和财务管理方面的专业知识与信息，这一发现为本研究提供了新的研究方向，即将对孤独症障碍者的监护监督、财产信托和托养照料作为本研究的重点，从相关知识信息的供给、国际经验的借鉴、国内的最新进展、影响因素分析以及政策建议等方面进行系统地综合性研究，以填补这一领域的研究空白。同时，对"消失"在未来安置规划中的孤独症障碍者的主体意愿，也力求在本研究中有所体现。对尚未进入学界视阈的、社团组织的相关调研成果，也给予应有的重视与呈现，力求丰富和深化成年孤独症障碍者安置的研究。

## 四、研究方法

本项目采用定性研究为主、定量研究为辅的方法进行。

根据研究设计，运用以下多种方法收集资料。

### 1. 文献研究

背景资料和比较研究资料主要通过检索文献来完成搜集。

文献研究资料的搜集范围主要包括国家相关的法律政策，国际上有关孤独症和其他残疾人群体监护、信托与生活照料问题的调查报告和研究文献，以及国内的既往研究成果等。

在此基础上梳理、呈现了残障观念、法律监护、特殊需要信托制度和心智障碍者安置模式的历史性变迁，对中外孤独症障碍者保障的现状进行了比较分析和借鉴。

2. 定量研究

定量研究资料通过问卷调查获得。

问卷调查的对象为大龄/成年孤独症障碍者的家长。

为消除家长顾虑，获得更真实的信息，问卷内容没有涉及被调查家长及其子女的人口特征。问卷采用开放式的问题设计，主要围绕目前家庭生活中遇到的突出困难和最需要的知识与服务；家长对孤独症子女未来最大的担忧是什么；家长认为大龄/成年孤独症家庭最迫切需要解决的问题以及家长对此问题的建议。

问卷在前期家长预调查的基础上进行了修改。

问卷调查的目的在于通过量化工具的使用和数据分析，了解成年孤独症家庭最迫切的诉求与服务需求，以及来自家长自身的经验和建议。

3. 定性研究

定性研究资料主要通过走访知情人、半结构化的焦点组访谈、个案/深度访谈和实地考察获得。

（1）走访知情人

走访知情人包括走访全国人大、国家民政部、国家卫生健康委、国务院妇女儿童工作委员会和中国残联的相关领导。主要了解国家对失去父母后不能独立生存的残疾人有哪些安置保障措施；目前存在的主要不足和政府的战略规划与行动方向，从国家层面探寻推动安置工作的可行路径，为有的放矢地提供政策建议奠定基础。

访谈各级精神残疾人及亲友协会主席，访谈提纲主要包括他们对解决孤独症障碍者安置问题的认识、现存的主要困难、自身的感受和经验，以及对未来工作的想法和建议。

（2）焦点组访谈和家长座谈会

本研究分别在我国的北部和南部地区，组织不同年龄结构和不同经济状况的大龄/成年孤独症家长进行座谈和焦点组访谈。访谈提纲的设计重点围绕孤独症障碍者的监护监督、财产信托和托养照料三大问题展开，以了解不同地域、年龄和阶层的家长的想法、核心诉求、面临的问题和所采取的应对之策。重点对家长自身的感受和经验进行分析归纳，得出结论性的认识。

（3）个案/深度访谈和实地考察

分监护监督、财产信托和托养照料三个维度展开。

一是在大龄/成年孤独症的监护监督方面。

其资料来源主要是通过对专业律师、公证人员、家长和家长组织、居委会工作人员的深度访谈，以及持续追踪专业社群、学术研讨会和网络直播论坛等获得。

针对同一个调研主题的不同访谈对象分别设计访谈提纲，主要了解国家监护制度的变革、各种监护类型以及对孤独症家庭的适用范围；了解家长对各类监护的认知、意愿，存在的难点问题以及家长为此采取的策略和行动。

二是在财产的传承与托付方面。

对父母离去后资产安全托付方面的资料，主要通过对多家金融机构信托保险从业者的深度访谈，以及对已签署信托合同家长的个案访谈、家长社群的诉求分析和线上论坛等途径获得。

对金融保险专业人员的访谈提纲主要涉及各金融机构对孤独症家庭财产信托和保险的准入门槛、程序，不同信托模式及其对孤独症家庭的独特意义。

对成年孤独症障碍者家长的访谈提纲主要包括他们对保险、信托的认知和未来对财产托付的主观意愿，家庭对金融产品服务的利用情况及其影响因素。

三是在大龄/成年孤独症的托养照料方面。

通过实地调研各地的孤独症康复服务机构，诸如残疾人职康站/温馨家园、精神病院，访谈其中的孤独症障碍者，了解他们在康复机构和社区家庭的活动内容、主观意愿和评价。

对机构负责人的访谈主要是为了了解机构发展历程、服务现状、未来规划、主要诉求与建议，进而了解各地大龄/成年孤独症障碍者托养服务的现状、面临的主要挑战和解决之策。

针对60岁以上年龄组提出的老残双养问题，主要是通过对北京、河北两地不同档次养老机构的实地考察、座谈和个案访谈搜集相关资料。

访谈对象包括养老机构相关部门的负责人、已入住双养机构的老年家长。主要了解这些机构对双养人员的准入条件，机构在孤独症康复照料方面的能力、存在的风险，未来发展规划以及实施双养的现实状况。

## 五、调查的实施

### 1. 问卷调查

问卷调查的对象为大龄/成年孤独症家长，调查的地点分别为北京行宫酒店和北京大学第六医院，调查时间从2017年10月开始至2018年8月结束。问卷均由前来参加大龄/成年孤独症家长培训的家长独立填答完成。共发放问卷467份，回收374份，其中有效问卷301份。回收率和有效率分别为80%和80.4%。

其后用提取关键词复出频率的类属化处理方法对有效问卷进行了统计分析。

## 2. 定性调查

定性调查的实施范围涉及 15 个省区市的 24 家大龄／成年孤独症服务机构，7 家有双养意向或已接收老残双养的服务机构，7 家信托、保险公司，9 个专业组织和家长组织，8 家基金会。

焦点组和个案／深度访谈的对象包括：全国人大代表、相关党政部门和中国残联的领导（7 人），各级精协主席（6 人），成年康复服务机构负责人和教师（15 人），精神科医生（3 人），律师（3 人），公证人员（2 人），居委会工作人员（3 人），信托和保险公司从业者（7 人），社会工作、特殊教育、法学界和残疾人研究领域的专家学者（6 人），基金会和养老机构负责人（9 人），家长组织负责人（7 人），成年孤独症障碍者（7 人），大龄和成年孤独症家长（45 人），共计 120 人。

深度访谈注重在自然的情境中与被访谈者平等互动，分享交流他们的感受与经验。

表 1　实地考察／调研的成年孤独症服务机构*

| 序号 | 地域 | 机构／组织名称 |
| --- | --- | --- |
| 1 | 辽宁省大连市 | 爱纳孤独症障碍者综合服务中心 |
| 2 | 江苏省常州市 | 天爱自闭症职业教育学校 |
| 3 | 天津市滨海新区 | 祥羽孤独症康复中心 |
| 4 | 四川省成都市 | 善工家园助残中心 |
| 5 | 辽宁省沈阳市 | 辽宁省残疾人康复中心 |
| 6 | 浙江宁波市 | 星宝自闭症家庭支援中心 |
| 7 | 浙江省杭州市 | 弯湾托管中心 |
| 8 | 浙江杭州市 | 启明星康复中心 |
| 9 | 湖南长沙市 | 长沙心翼精神康复所 |
| 10 | 辽宁省丹东市 | 东港精神病院及精神残疾人康复基地 |

续表

| 序号 | 地域 | 机构/组织名称 |
|---|---|---|
| 11 | 福建省厦门市 | 爱慧自闭症康复中心 |
| 12 | 广西区柳州市 | 星语康复训练中心 |
| 13 | 贵州省贵阳市 | 慧灵社会工作服务中心 |
| 14 | 广东省广州市 | 慧灵智障人士服务机构 |
| 15 | 广东省深圳市 | 守望心智障碍者家庭关爱协会 |
| 16 | 海南省海口市 | 博德精神病医院 |
| 17 | 北京市丰台区 | 利智康复中心 |
| 18 | 北京市丰台区 | 金蜗牛心智障碍者家庭服务中心 |
| 19 | 北京市朝阳区 | 玉华残障人士康养服务中心 |
| 20 | 北京市海淀区 | 康纳洲孤独症家庭支援中心 |
| 21 | 北京市密云区 | 中港汇晟儿童行为矫正中心 |
| 22 | 北京市东城区 | 东城区精神病防治医院中途宿舍 |
| 23 | 北京市东城区 | 中华街道职业康复站 |
| 24 | 北京市西城区 | 全胜街道温馨家园 |

\* 其中部分机构兼收小龄和成年心智障碍者；街道职康站和温馨家园为化名。

表2 实地考察/访谈的金融机构和养老机构

| 序号 | 金融机构 | 序号 | 养老机构 |
|---|---|---|---|
| 1 | 平安保险与平安信托 | 1 | 河北省香河市大爱书院 |
| 2 | 中航信托 | 2 | 北京市第一福利院 |
| 3 | 光大信托 | 3 | 北京市第五福利院 |
| 4 | 万向信托 | 4 | 北京市泰康养老社区 |
| 5 | 中诚信托 | 5 | 北京市丰台区看丹养老院 |
| 6 | 长安信托 | 6 | 北京通州区三乐康复老年公寓 |
| 7 | 中国人寿保险 | 7 | 北京市丰台区马家堡养老院 |

在实地考察阶段，还与中国儿童基金会、北京市扶老助残基金会、北京市晓更助残基金会、自闭症儿童救助基金会等 8 家基金会进行了相关探讨。

上述实地考察、焦点组调研和深度 / 个案访谈的时间主要集中在 2017 年至 2021 年。

## 六、研究特色

我国孤独症诊断具有 41 年的历史，孤独症群体的安置是伴随孤独症障碍者的父母逐渐老去而出现的新问题，它所涉及的信托、监护等问题既不能从我国的传统文化中寻求现成答案，也不能简单地套用国外残疾人生活安置的方案模板来解决，因此，"我走了，孩子怎么办"这一问题既是涉及我国民生的现实之问，也是时代之问，需要研究者以高度的历史责任感和创新性思维进行探索和破解，本研究的新意和特色主要体现在以下五个方面。

1. 研究视角

既往有关监护与信托的问题，多是从法律或财务制度的角度加以研究，而本研究注重以家长的视角，反映家长对监护、信托和托养的认知、诉求和对服务的利用，表达孤独症家庭的意愿，使孤独症障碍者及其家长们的心声与生命形态能够在国家宏大的制度结构中"被听到""被看见"。因此，它不同于以法律的、制度的视角或学术中立的立场进行的研究，而是具有人文关怀的、有温度的研究。

2. 研究伦理

由于研究者与主要被研究者同为成年孤独症障碍者的家长，便于研究者直接进入问题情境，与被研究者形成平等互动的关系，双方能够在自然情境中分享彼此的感受与经验。在研究过程中注重唤起被研究者的自觉意识进而参与行动,共同探究问题的成因,从被研究者的智慧和经验中寻找可行的解决路径,并由此尝试进行相关知识的建构。

3. 研究方法

在研究方法上,以前对孤独症障碍者及其家庭的研究多是以定量研究方法为主,进行需求与现状调研,而本研究主要采用定性的方法,将"父母走了,孩子怎么办"这一焦点问题与改变现状、推动社会政策的变革紧密相连,在调研的基础上分别形成了《关于加强成年孤独症群体康复与托养服务的建议》(详见附录一)和《关于构建成年心智障碍者监护监督体系的建议》(详见附录二)两份全国人大建议,并提交政府部门和相关决策者,践行研究促进变革的学术责任。

4. 访谈对象

在"父母走了,孩子怎么办"的拷问中,孤独症障碍者是面对这一现实的真正主体。在这一过程中,他们不应该仅仅被视作被安置的对象,还应该是具有自主意识和个人意愿的鲜活生命,更是身受孤独症折磨又不断与之抗争的个体。为此,本研究特将成年孤独症障碍者作为调查访谈的对象,注意倾听他们的心声,了解他们对未来生活的意愿、对现有服务的感受。这不仅是出于对孤独症障碍者的尊重,还有对他们的理解和接纳。

从学术研究的角度而言,将孤独症障碍者作为调查访谈的对象,有利于以既往对心智障碍者的研究为背景,相互印证,对于准确把握成年孤独症群体的独特处境和特殊利益具有积极意义。

同时,将全国人大代表、政府部门和残联系统的相关负责人作为知情者进行访谈调查,也是本研究的一个特色。

5.研究应用

本研究的定位是立足学术，面向孤独症等特殊需要群体，力求将学术性、知识性和实用性结合起来，在助益孤独症家庭的同时，以研究影响决策，促进科研成果的社会转化。

## 七、研究局限

首先，本研究为一项个人研究，受一己之力和信息搜集的局限，难以全面反映各地成年孤独症监护、信托和托养照料的整体状况和最新进展，可能会存在某些疏漏。

其次，成年孤独症安置是一个复杂的研究命题，除对其在监护监督、财产管理和托养照料方面加以研究外，还应包括对综合服务、医疗保障、情感关怀等方面的研究，而这也是本研究的局限所在。

此外，研究中还发现一系列有待深化的研究命题，如对孤独症谱系障碍群体安置体系的探索、具有中国特色的特殊需要信托制度的构建、孤独症家庭的社会支持政策和社会支持网络、家长组织在成年孤独症安置中的功能与作用、孤独症障碍者社区化服务的发展路径等都展现出广阔的研究前景和政策价值，尚有待于今后进行深入研究，以回应孤独症障碍群体不断变化的安置需求。

## 八、定量研究的主要发现

本次定量研究采用开放式问卷调查方法，共回收有效问卷301份。对于"您在孤独症康复中遇到的主要困难和问题是什么"这一问题，有82%的孤独症障碍者家长认为主要是"情绪问题"，其次是缺少大龄和成年孤独症的康复训练机构与服务，持这种观点的家长占比44%。这一结果与既往对这一问题的研究结果有所不同，如中国精协在2014

年的调查数据显示，家庭在孤独症康复中遇到的主要困难是经济方面的，即康复训练费用过高[①]，这可能与本研究的调查对象均为大龄/成年孤独症障碍者家长有关，在缺乏大龄孤独症康复服务和子女成年后家庭对康复训练需求明显下降的双重作用下，经济困难退居其次，代之而起的是成年孤独症"情绪问题"的凸显。同时，本研究的定性研究结果也验证了"情绪问题"是影响成年孤独症家庭生活质量的重要因素，也是最令老年父母担忧子女未来会遭受虐待的关键所在，这一结果提示孤独症儿童家长要高度重视孩子的情绪管理。

对于"您对孤独症孩子未来的期望"这一问题，回答"生活自理"的达到89%，期望孩子未来能"独立生活"的占56%，期望"能够就业"的仅为19%。这一方面说明成年孤独症家长对子女未来的预期更趋理性与现实，另一方面则显示出社会对孤独症障碍者就业支持的不足。国内外多项研究证实孤独症群体的就业率低于其他残疾类型，家长的预期映射出众多成年孤独症"没地儿去，没事儿做"的社会现实。

就"您对孩子未来生存发展最大的担忧"这一问题，回答最担心自己离世后孩子得不到"保障"和"支持"的达98%，担忧孩子"不能独立生存"的占70%，担心"遭受歧视"的占7%。虽然身为孤独症孩子的父母都会为子女未来的生存发展担忧，但本次调查中担心得不到"保障"和"支持"的比例（98%）远高于其他对小龄和大龄孤独症家庭的调研结果（72.7%）[②]，这反映出社会保障和社会支持还相对薄弱，也反映出成年孤独症障碍者父母比小龄和大龄孤独症障碍者父母担忧这一问题的占比和程度更高。

---

① 中国精神残疾人及亲友协会.中国孤独症家庭需求蓝皮书[M].北京：华夏出版社，2014：20, 51.

② 中国精神残疾人及亲友协会.中国孤独症家庭需求蓝皮书[M].北京：华夏出版社，2014：32.

对于"您认为大龄/成年孤独症最迫切需要解决的问题是什么",家长的回答主要呈现两个维度,一个是政府和社会方面的,"安置和保障"(77%)与"接纳包容"(46%);另一个则是针对孩子自身的"生活自理"与"独立生活"(44%)。在家长们看来,只有在社会的保障、包容与孩子自身能力的提升两个方面并行不悖,孤独症孩子才会有一个可期的未来。

# 第二章 监护监督篇

父母离世后，成年孤独症子女的监护职责由谁来承担？确定谁为监护人能保障孩子未来的生存质量和合法权益？这成为众多孤独症障碍者父母解不开的心结所在。解决成年孤独症子女的监护监督问题被视为压在父母身上的"三座大山"之一，也被一些业内人士认为是最难攻克的问题，是"需要优先解决的大事"。

从目前的研究现状看，国内有关成年孤独症监护监督的研究还十分薄弱；从法律制度和司法实务上讲，对孤独症障碍者进行监护监督比在财产信托方面面临的挑战更大。因此，无论在理论和实践层面都亟待进行探索与创新。

## 第一节 监护的相关概念与家长认知

### 一、有关监护的基本概念

1. 监护的定义

监护是指对无民事行为能力人和限制民事行为能力人的人身、财产及其他合法民事权益进行监督和保护的法律制度。由此可知，监护作为一种民事法律制度，是为了保护无民事行为能力人和限制民事行为能力人的合法权益而设立的，目的是以此来实现对民事行为能力欠缺者的能力补正。

### 2. 无民事行为能力人和限制民事行为能力人

根据《中华人民共和国民法典》（以下简称《民法典》）第二十一、二十二和二十三条的规定：不能辨认自己行为的成年人为无民事行为能力人；不能完全辨认自己行为的成年人为限制民事行为能力人。这两类人都不能独立实施民事法律行为，需要由他的法定代理人即监护人为其提供支持，代理其实施民事法律行为[①]。

### 3. 不能辨认自己行为的成年人及其表征

能否辨认自己的行为是判定有无民事行为能力人的法律依据。不能辨认或不能完全辨认自己行为的成年人是指对自己行为的性质和后果缺乏认识、理解、判断和辨别能力的人。这一类人主要涉及精神残疾人、智力残疾人和有认知障碍的老年人。

这一群体的特征性表征主要为：认知能力受损、表达能力异常、控制能力下降，这些表征导致了他们不具备或不完全具备民事法律行为能力。例如，在个人身体状况方面，不能判断、决定自己是否需要治疗或住院接受手术；在财产方面，不能清楚地知道自住房屋买卖的手续和后果，等等。一言以蔽之，就是不能或不能很好地保护自己的合法权益，为此需要监护人的监护。

## 二、监护人的定义及适用范围

监护人是指对无民事行为能力人和限制民事行为能力人的人身、财产和其他一切合法权益负有监护职责的人。

按照我国的法律规定：未成年人即18周岁以下的儿童需要有监护人，成年人一般不需要监护人，但患有智力障碍、精神障碍和认知症

---

[①] 按照《民法典》第一百三十三条的规定，民事法律行为是民事主体通过意思表示设立、变更、终止民事法律关系的行为。

的成年人，如阿尔兹海默症患者和孤独症障碍者则需要有监护人。对于未成年的孤独症子女，父母就是他们的法定监护人和法定代理人；而对于18周岁及18周岁以上的成年孤独症障碍者而言，大多都是需要监护的。因此，他们有着一个共同的法律身份就是"被监护人"，需要在监护人的监护和支持下生活。所不同的是，监护人对无民事行为能力人和限制民事行为能力人的监护支持程度是不同的。

## 三、监护人的权利和义务

监护人的权利和义务主要体现在以下六个方面：

①保护被监护人的身体健康，防止其受到不法人身侵害；

②有权照顾被监护人的生活；

③有权管理和保护被监护人的财产；

④有权代理被监护人进行民事活动；

⑤有权对被监护人进行管理和教育；

⑥当被监护人的合法权益受到侵害或与他人发生争议时，有权代理被监护人进行诉讼，请求赔偿等。

## 四、监护人的职责与作用

《民法典》第三十四条规定："监护人的职责是代理被监护人实施民事法律行为，保护被监护人的人身权利、财产权利以及其他合法权益等。"由此可见，监护人的职责主要体现为代理和保护。具体包括以下五个方面。

①在人身权利方面：照管被监护人的日常生活，包括学校、居住场所、职业场所及人际交往的选择，入住托养机构、养老机构和护理人员的决定，以及证件办理等。

②在财产行为方面：管理和保护被监护人的财产，保管财产凭证，领取和使用资金；包括代为接受继承和赠与、代签买卖合同；办理有关福利、救济补贴和保险及上述资产的使用等。

③在医疗行为方面：保护被监护人的健康，选择医疗救治机构，决定治疗方案，负责手术、抢救签字等。

④负责被监护人身后事务的处理，如丧葬、遗体捐献等。

⑤代理被监护人进行诉讼与非诉讼活动等。

由此可见，监护人的权利涉及被监护人生活的方方面面，可以决定被监护人是否入住托养机构、聘不聘用护理人员，管理被监护人的所有现金资产和房产，决定被监护人救治与否以及身后事的处理。为此，有专业人士坦言，成年监护是管人、管事又管命。

## 五、家长对监护人的认知

在调研中发现，监护人的职责范围之广、权利之多，引发了家长们的困惑和担忧。主要集中于以下两点：一是监护人是否负责被监护人的日常生活照料？二是孤独症障碍者作为被监护人，他们的权利如何才能得到有效保障？

如前所述，按照我国的法律规定，监护人主要是代理被监护人实施民事法律行为，是被监护人人身、财产、法律权益的保护人。他既可以身兼被监护人的生活照料者，同吃同住，照顾其饮食起居，也可以只代理或辅助被监护人做出重要的生活或法律决定，由聘请的护理人员或是养护机构来负责日常的生活照料和疾病护理。

至于父母离世后，如何确保监护人能够有效保障其孤独症子女的未来生活和法律权益问题，不少家长在焦点组访谈中道出了自己的担忧。

"照这样，等我们去世后，掌管孩子生杀大权的不就是监护人了吗？！"还有的家长担心："虽说法律上规定了监护人要依法履行监护职责，如果不履行监护职责就要承担法律责任。可到那时，我们都不在了，监护人如果虐待孩子，侵吞我们留下的房产、财产，他自己又说不清道不明的，谁会站出来为我们的孤独症孩子主持公道，将监护人绳之以法呢？！"（家长焦点组访谈资料）

调研中还发现，在生育有两个子女的孤独症家庭中，即使其中一个是身心健康的孩子，一些父母也表示，并不希望这个心智健全的孩子做监护人，过和自己现在一样的日子；也有的家长则担心自己去世后，这个健康的孩子成家以后会嫌弃或虐待自己的孤独症孩子，特别是当监护人和继承人同为这个健康孩子时，这样的风险会更高。

由此可见，如何选择监护人和保障被监护子女的合法权益成为众多成年孤独症家长无法回避的问题。

## 第二节　监护人选择与被监护人的权益保障

### 一、孤独症家庭如何选择监护人

至于如何选择监护人和选择监护人时需要注意的事项，在国家法律上并没有明确的规定，为回应孤独症家长对这一问题的关切，归纳本项目调研情况和以往国内的实务经验，可以从以下几个方面考量监护人的人选。

①监护人必须是具有监护能力的、身心健康的成年人，同时应具有一定的经济能力。

②必须是无缺格情形，品行不端者，如有酗酒、赌博、吸毒等明

显劣迹或犯罪行为的人不能担任监护人。

③必须具有履行监护职责的条件，如果是当兵，或在异地、异国生活，以及有特殊公职的人不宜做监护人。

④尽可能选择严谨审慎、诚信可靠的个人或组织担任监护人，如具有一定专业能力的律师、医师、社会监护机构和值得信赖的公益组织、家长组织等。

⑤拟选择的监护人最好是与孤独症障碍者相互熟识、有一定情感连接的人，这样的人作为监护人会让孤独症障碍者保有安全感，不致因父母离世陷入情感荒漠而出现严重的情绪问题，监护人也便于承担监护责任。

⑥非常重要的一点，监护人的选择一定要尊重孤独症障碍者本人的意愿，注意事先征求他们的意见，以符合他们的最佳利益。

⑦要注意取得拟选监护人及其家人的同意。监护职责毕竟是需要长期付出精力和时间的事情，同时还会涉及承担法律责任和监护费用等问题，相关事宜一定要事先进行充分的沟通与协商。访谈中发现，有亲属同意担任监护人，但其配偶并不知情，亲属打算在不告知配偶的情况下自行决定，这是具有潜在风险的。

## 二、如何保障被监护人的利益

如何使监护人能够长久地维护被监护人的利益？如何才能维护被监护人利益的最大化？这是孤独症家长普遍关心的核心问题。对此，孤独症家庭可以采取以下策略。

1. 通过监护协议对监护人的行为进行限制

即在监护协议或遗嘱中同时规定监护人可以独立实施的行为和监护人经批准才能实施的行为，以及监护人不得实施的行为。具体可以包括以下内容。

①在人身照护方面进行限制,如监护人不得限制孤独症障碍者的社会交往;不得采取限制其人身自由的安置措施。

②在医疗行为方面进行限制,如不做过度的医疗救治,以及无权决定器官、遗体是否捐赠等。

③在财产管理方面进行限制,如不得代理被监护人做出财产赠与决定,不得为监护人自己的利益使用被监护人的财产。

④在财产处分方面进行限制,如规定对重要财产、房产的处分需经过监护监督人或社会监护组织的批准。

⑤在设立抛弃遗产或遗赠方面进行限制,遗赠是指以遗嘱的形式将其财产赠给国家、集体或法定继承人以外的人。[①]

2. 加强制度性的保障和规制

监护人要依据监护协议定期向有关部门提交监护报告,包括制作财产清单、账册,被监护人监护情况,费用预算、支出报告等。

3. 设置监护监督人履行监督职责

监护监督人的职责包括定期审查监护人提交的监护报告和账目,督促监护人依法履职。如果监护人失职,监护监督人可以向法院建议撤销监护人资格。

## 三、关于成年监护协议的订立

为成年孤独症障碍者订立监护协议,一般要经过如下过程。

---

① 引自肖扬主编的《大龄/成年孤独症家庭公益培训教材》(内部资料)其中的《孤独症家庭如何选择监护人》(刘金霞)。

1. 确定监护协议的内容

监护协议因各家情形和被监护人的情况不同而有所不同，但基本应包括以下内容。

①居住条件、医疗水准、照管方式、个人民事和行政事务的处理、被监护人的财产管理和支出等；

②监护人探访和看望的要求与频次、监护清单、监护监督的选择和监督方式等；

③个性化需求：对共同居住的期待、特殊的个人习惯、宗教信仰、出行与交通、资金管理，监护记录和留痕的方式（影像、视频或文字）等。

至于监护费用和报酬，国家没有明确规定，只要设立监护协议的双方觉得合适即可写入文件。监护费用主要是用于支付人力成本，大致可分为设立文件、长期监护与监督、医疗和生活及特别支出这几类。

在此基础上，形成一个初步的监护协议草案，做到胸中有数。

2. 监护协议的签订及流程

①由家长或亲属向人民法院提出民事行为能力裁定申请。

②法院根据被监护人的智力、精神健康状况做出司法鉴定结论。

③确定监护类型和监护人。

④协议双方（即委托人和监护人）对监护内容和授予代理权范围进行协商，尽可能详细地约定权利、义务、代理行为的限制与责任，即哪些事务由监护人代理，哪些不需要其代理，都要有明确的规定，包括人身照护、财产管理、医疗养护等的全部权利或者是部分授权，都需要事先充分沟通，达成共识。

⑤前往公证处或委托律师办理法律文书的签署。监护协议的

起草由律师或公证部门负责，不需要家长自己拟就，但家长必须仔细阅读和充分理解相关法律条款，并确保自己的意愿和诉求在协议文本中有明确的约定和体现。

⑥鉴于目前我国监护监督制度尚不完善，孤独症障碍者家长签订监护协议后，最好主动到住所地的居、村委会或民政部门进行备案。

### 3. 监护协议公证的意义

我国法律虽然没有规定监护协议必须公证，但实际上，目前我国意定监护协议主要是由公证机关代为草拟，同时公证机关还承担着颁发监护资格证书以及按照监护协议条款履行监督的职能，这样孤独症障碍者家长就可以多一份保障和安心。

同时，公证人员还会特别提醒准备签订监护协议的人，事前一定要充分考虑监护人或监护机构目前和未来的监护能力、监护机构的体量和性质（有无政府背书）；监护的大致范围都包括哪些，有没有禁止监护的部分和相关限制；被监护人有没有特殊的、个性化的监护需求；还要考虑在"如何选择监护人"部分所提到的监护人与被监护人的关系、接触史和信任度等。这样就能够起到提示风险、正向引导并协助委托人做出决定的作用。

此外，孤独症障碍者家长在准备签订监护协议时，还要认真选择监护指导机构，对所签协议的内容事先要有比较充分的考虑。要重视与公证员或律师的当面沟通，根据以往专业人员的经验，仅靠微信或电话交流难以取得好的效果。如果孤独症家庭希望公证部门履行监督职责，就需要在签署的协议中进行明确规定[①]。

---

① 赵郁，《尝试从容老去，试谈意定监护——法律和实务的探索》，2021年11月11日在北京市残联、北京市智协主办的"《民法典》——意定监护"直播论坛上的演讲。

最后，值得指出的是，监护制度不是万能的，它主要解决的是法律行为代理问题，维护孤独症障碍者的权益还需要有其他制度的支持，如财产信托、孤独症障碍者群体社会保障制度的完善及监督监察体系的建立，等等。在这些方面还需要我们以全球化的视野拓展思路，借鉴国际上的有益做法，更好地探索具有中国特色的成年监护之路。

## 第三节 全球监护制度改革及经验借鉴

### 一、国际监护制度发展概要

20世纪60年代以来，以德、法为代表的大陆法系[①]和英美法系的主要国家先后对传统的成年监护制度进行改革，并逐渐将其构建成对所有成年残疾人的保护制度。这一改革注重活化和利用残疾人的残存能力，强调尊重残疾人的自主决策权，促进民法成年保护制度从传统的"替代决策"向现代的"协助决策"转变，其最终目的是保障成年残疾人充分地参与社会，维持其常人化的生活。[②]

基于上述理念和目的，对当代成年监护制度主要进行了如下两方面相互关联的改革。

1. 行为能力制度的改革

1968年，法国率先废除了禁治产和准禁治产宣告，从此，法国不再有整体上无行为能力的成年人，而某位成年人是否具有行为能力则

---

① 大陆法系指包括法、德、意、荷兰、西班牙、葡萄牙等国和拉丁美洲与亚洲的大部分国家或地区的法律。
② 刘金霞，范晓红．成年残疾人监护制度理论与实践——成年残疾人的自主决策权保障研究[J]．残疾人研究，2020，(2)：23-32.

根据个案审查来决定。所谓"禁治产",即禁止管理、处分财产之意。禁治产人是指虽已达到法律规定的成年年龄,但不具备与这一年龄相符合的智力和意志力水平,因而成为禁治产人,即类似于我国的无民事行为能力人。准禁治产人虽未完全被禁止管理、处分财产,但对特定范围的财产管理和处分行为进行了限制,相应的准禁治产人即类似于我国的限制行为能力人。

德国于1992年废除了禁治产宣告,成年人的行为能力状况改由法官"基于其事实上的精神与心灵状态进行个案裁决"①。此后,日本和中国台湾等地也纷纷废除了禁治产和准禁治产宣告制度,使这一宣告不再作为被宣告者设立监护的前提条件,使行为能力欠缺与民法成年保护措施的设立脱离关联,促进了传统的、由监护人全面替代被监护人决策的"他治"保护模式,向尊重残疾人自主决策权的"自治"保护模式过渡,实现了保护范式的转型。

2. 成年监护制度本身的改革

成年监护制度本身的改革主要体现在监护对象范围的扩展和监护理念的纳新上,其意义在于使成年残疾人能够在监护人的帮助下,依照本人的意思融入普通人的正常社会生活。在监护制度的变革上,主要是在法定监护之外,创设了意定监护制度(大陆法系)和持续代理权制度(英美法系),最大限度地尊重残疾人本人对未来生活的规划掌控权和自主决策权。

各个国家对传统法定监护进行改造的具体做法不尽相同,如德国以"法律照管"取代了"监护",按照个案审核确定成年人的行为能力,并根据"必要性"和"最小限制"原则确定照管人。法国则以"成年保护"制度取代"监护",根据成年人身心障碍状况采取不同的

---

① 迪特尔·施瓦布. 民法导论[M]. 郑冲,译. 北京:法律出版社,2006:122.

保护措施。韩国则是根据成年人行为能力的不同，细化保护种类，将法定监护措施分为监护、限定监护和特定监护等，从全面监护向有限监护转型。

## 二、联合国推动残疾人保护范式的转型

2006年12月13日，第61届联合国大会通过的《残疾人权利公约》（以下简称《公约》）推动残疾人保护范式从"替代决策"向"协助决策"转型。

《公约》重新定义了残疾的概念，确认"残疾是伤残者和阻碍他们在与其他人平等的基础上充分和切实地参与社会的各种态度与环境阻碍相互作用所产生的结果"。残疾不再被视为个人悲剧，而是一种社会现象，社会没有充分考虑残疾人的需求并为其提供必要帮助是残疾问题的根本原因，是社会排斥阻碍了残疾人的社会参与、融合与共享。这一变化标志着人们对待残疾和残疾人的认识、态度和方法发生了"示范性转变"[①]。

《公约》第十二条指出，缔约国应当为残疾人行使其法律权利能力提供可能需要的协助，与行使法律权利能力有关的一切保障措施都应当尊重本人的权利、意愿和选择，适应本人情况……并定期由一个有资格、独立、公正的当局或司法机构复核。

协助残疾人进行决策要以需要支持的残疾人个人为中心，保留其作为首要决策者的地位，或确保其参与决策。《公约》确立了权利模式的残疾观，确认残疾人是"权利持有者"和"法律的主体"，与其他社会成员一样享有平等的法律权利。

此后，"残疾人有权利做自己生活的关键决策者"的观念在全球范

---

① 江小英. 对联合国重要国际文件"残疾观"演变的思考[J]. 现代特殊教育，2015（10）：74-75.

围内得到普遍认同。尊重被监护人的意愿和自主决定权成为成年监护制度的核心。

## 三、日本的成年监护制度及经验借鉴

在日本，成年监护制度的理念有三：一是尊重被监护人的自我决定权；二是让被监护人尽可能像健康人一样过常态化的生活；三是充分发挥被监护人现有（残存）的意识能力。基于这些理念，日本的监护服务从最初的维护被监护人的权益，发展到尊重被监护人本人的意愿，帮助他实现自己所期望的生活。

日本的成人监护制度分为意定监护和法定监护。日本的意定监护在国际立法上属于第三代意定监护制度，享有很高的声望，被认为是大陆法系意定监护的典型代表。日本的意定监护需要被监护人本人在具有判断能力时，向居住地的家庭法院提出意定监护监督人的申请，意定监护合同需通过公证人做出的公证书签订；对于本人判断能力下降的，需要在家庭法院确定监护监督人后，意定监护合同方可生效。日本的法定监护制度是由家庭法院来选任成年监护人，家庭法院会根据残疾人本人的能力程度由轻到重设立辅助、保护和监护三类法定监护，最大限度地保护被监护人的利益。

日本现行的监护人类型有三种：第一种是亲属监护；第二种为专业监护，主要由律师、社工或者医护等专业人员担任；第三种是近几年开始逐步推出的市民监护人，即非亲非故的自然人经过一定的培训，登记在册后，通过家庭法院被选任为成年监护人，作为专业监护人或法定监护人的支援人员来发挥作用，以补充专业监护人员的不足。

从现有的文献和实施情况看，日本的监护制度值得学习借鉴的地方主要有以下三个方面。

## 1. 建立了完善的监护监督制度

在日本，选任监护人首先要对被监护人的健康、生活和财产状况进行全面调查，做出财产目录、收支计划表等提交家庭法院备案审核，根据被监护人本人的意愿和情况选择必要的服务和社会福利政策，制订监护行动计划。监护人每年须向家庭法院提交被监护人的身体健康、生活照料情况和财产使用状况，对被监护人房地产的处置也必须经过家庭法院的许可。

日本为支持监护人做好适宜的监护服务，对于生活和财产管理比较复杂的被监护人，家庭法院会负责选任有资质的律师、医生和熟悉社会福利政策的专业人士担任监护监督人，与监护人共同确定监护工作方针。同时，为减轻监护人财产管理的负担，日本还设立了监护制度支援信托和监护制度支援储蓄金，将被监护人平时不用的钱放入支援信托或支援储蓄金中，由金融机构进行管理，监护人则只负责管理日常生活所需的经费。当法定监护人要存取信托中的钱财时，金融机构则要根据家庭法院发出的指示书来提供存取服务[①]。可见，家庭法院的监护监管是全流程的，从批准监护申请、选任监护监督人到对被监护人生活状况、财产支出、监护报告的审核，以及监护支援信托的设立与信托资产的使用等，都被置于家庭法院的监管之下。

特别是日本建立有专门的监护监督组织，根据日本的意定监护制度，只要是确定了监护人资格，就会由家庭法院指派监督人，也就是说，家庭法院在做出监护人裁决的同时就必须选任监督人。这一点，对于碍于情面，担心确定监护监督人会有损亲情伦理关系的我们中国人来说，特别值得学习借鉴。因为监护监督是整个成年监护制度中的

---

① 最高裁判所. 成年後見制度—利用お考えのあなたへ [EB/OL].https://www.courts.go.jp/index.html.

重要环节，意定监护更离不开有效的监督。事实上，正是由于亲属成为监护人后，侵吞、损害被监护人权益的情况时有发生，日本才建立了监督人制度，公权力介入监护监督，成为保障被监护人合法权益的有力举措。

在制度层面，日本意定监护制度将个人意思自治和国家公权力介入有机结合，建立了意定监护的公权力和私人双重监督机制，并将意定监护的合意、公证、登记、选任、执行、监督、解任各个流程紧密结合，以有效防止监护人滥用代理权。从目前我国对成年监护监督的法律规定和实际执行层面来看，尚有诸多不足，寻找、确定监护监督人成为成年孤独症家庭难以逾越的一道坎。

2. 监护社会化、专业化程度高

日本的监护人制度社会化、专业化程度高，主要体现在能够通过专业化的联动机制和规模化的管理运营来满足被监护人的需求。在日本，有76%的监护人是非亲属，非亲属监护人比例高的原因是家庭法院担心亲属可能会滥用权利而避免任命他们担任监护人。

日本的第三方监护人大多是由不同的专业团体，如律师、社工、医务、公益性团体担任。其成功经验是建立信息共享体制，各专业监护人之间相互配合，分工负责，并会根据被监护人的需求有所侧重，有分管法律事务的，有负责福利及生活照料的，还有负责医疗健康的。这样做的优势是，除了更为专业以外，还能避免仅靠亲属一个人，可能会发生遇事联系不上或者不能立刻到位的情况，而采用联动机制，由几位不同专业的人一组，各司其职，无论是日间、夜间还是节假日，随时都能找到监护人员，提高了监护的可及性和可获得性。

### 3. 监护服务效率高

在日本，成年法定监护分为监护、保护和辅助三类，在具体的监护措施上，监护人会根据这三类被监护人的能力程度，提供不同的监护服务内容，一位专业监护人往往要负责 200 多个案例，而专业监护组织则能同时受理 800 个案例，监护服务效率高。

日本成年监护的不足是利用率低，根据日本官方的统计数字，2000 年至 2016 年间，意定监护合同的缔结件数为 10.74 万件，这对于有 3500 万老年人口的日本来说，占比很低①。2017 年，日本使用成年监护制度的人数为 20.3 万人，而根据估计，日本成年监护的人数应为 127 万人左右，实际使用率仅占 1/6，尤其是求助于辅助这种监护类型的案例占比较低②。因此，如何促进成年监护制度的利用，仍是日本社会的一个重要议题。

此外，日本也存在着专业监护人员不足的情况，近几年，开展了对市民监护人的培训，市民监护人的薪酬支付及为其减轻负担的对策也在不断地讨论和改进之中。

## 四、中国香港的监护制度与经验

香港特区于 1999 年 2 月 1 日正式设立了监护委员会，该委员会属于类司法的审裁机构，是根据香港《精神健康条例》及授权进行独立运作的法定团体。监护委员会主要的法定职能是进行聆讯③，为年满 18 周岁、精神上的无行为能力人做出监护令，并负责定期审查监护人提

---

① 総務省統計局. 総括·不動産·その他[EB/OL].https://www.e-stat.go.jp/statsearch?page=1&query=任意後見契約&layout=dataset，2019-05-13.

② 新井诚. 日本成年监护法：发展与改革举措[M]// 何锦璇，李颖芝. 特殊需要信托：财务规划比较研究. 北京：法律出版社，2021：59-60.

③ 聆讯：指案件在公开审讯前，在法庭进行的各项中途聆听与讼各方的陈述。聆讯一般都以内庭形式进行，与案件无关人士不得列席。

交的账目和监护报告，处理监护事务，履行监护职责①。

在香港，官方监护人由政府社会福利署署长担任，非官方的监护人可以由被监护人的亲属、有资质的社工、注册医生或社会福利署的公职人员担任，但需要事先向监护委员会提出监护令申请，监护令会确定亲友或专业人员作为监护人，或视情况确定官方监护人，并会赋予监护人一定的监护权利。

香港监护制度中值得学习和借鉴的亮点有以下三点。

1. 监护令制度比较完备

按照香港法律，无论是亲属还是专业人员在申请监护令时都必须同时提交两份医疗报告，其中一份必须是由医院管理局认可的、在精神与智力的诊断和评估方面有丰富经验的医生提供，另一份可由具有行医资质的普通医生提供。同时对提交的时限也有明确要求，必须是在申请人最近一次与当事人（被监护人）见面后的 14 天内提交。除了生物医学方面的诊断报告，在家庭和社会背景方面，监护委员会还会依法要求社会福利署的社工人员与申请人和当事人见面，听取他们对监护的意见和愿望。社工具有法定权利，可以向家属询问当事人的家庭情况、社会交往和财产状况，并在此基础上完成社会背景调查报告，提交监护委员会审定，整个调查取证过程路径清晰。

在上述程序完成之后进入聆讯。聆讯至少会有三名监护委员会成员出席，其中包括一名与精神上无行为能力人有相处经验的成员，一名律师和一名医生或心理学家。三位成员会保持独立，不涉及任何利益冲突，以便对相关的证供进行公证评估。同时，证人（如提供诊断报告的医生或提供社会背景调查报告的社工人员）也会被通知出席聆

---

① 香港特区监护委员会. 我们的工作 [EB/OL]. http://www.adultguardianship.org.hk/admin/Data/uploadfile/174/1%20Leaflet%20Chin.pdf.

讯，以便于最后做出监护令。

监护令会包括确定的监护人和监护人的权限、期限等条款，并注意保护个人隐私。监护令的有效期不超过一年。一个好的做法是：监护委员会会在监护令到期前自行或强制复核监护令，以便于根据被监护人的情况变化调整监护事宜，更好地维护其权益。

2. 对非官方监护人的权利有明确限制

在香港，非官方监护人主要是由亲属、注册医师和社工人员担任。监护委员会在选择监护人时，除了考虑意愿和有照顾当事人的能力外，还会考虑与当事人之间没有利益冲突，性格与当事人大致相容的人来担任监护人。

法律对非官方监护人的权责有明确的规定，如监护人必须准许社会福利署署长或代署长行事的人接触被监护人，必须向署长提供他要求提供的有关被监护人的报告或资料，容许任何注册医生、官方认可的社工人员和监护令指明的人接触被监护人。

在人身保障方面，当被监护人的居住地或接受雇用、训练和教育的地点有变更时，需要在14天内通知社会福利署署长（官方监护人）。如被监护人要离开香港、结婚等也需要在14天内通知署长。如有违反或不依法履职可被判处第1级罚款和监禁三个月。

在财产保障方面，规定监护人不得提取被监护人的强制性公积金、不能处理保单或取回现金、不能代被监护人租售、转赠或管理物业，不能买卖股票证券、寻求意外索赔等。规定监护人每月收取、支配的款项上限为1.5万港元，并仅限于对被监护人的供养。① 为此，监护人还必须开设一个独立的专用银行账户，用于存放被监护人的金钱，并

---

① 香港特区监护委员会. 非官方监护人权责简介 [EB/OL]. http://www.adultguardianship.org.hk/admin/Data/uploadfile/174/6%20Leaflet%20Chin.pdf.

须按照指定的表格填写收支账目，连同收支凭证和每月的财务报表一并呈交社会福利署检查，协助履行监护职责。同时规定监护人不得与被监护人有任何涉及利益冲突的财务交易，如让被监护人购买自己朋友的保险，等等。

当监护人遇到任何困难时，社会福利署会提供支持和建议，由社工人员提供适当的协助。若监护人丧失了监护能力，其职能将会由社会福利署署长或监护委员会认可的人士代为执行。

3. 紧急监护令的维权保障作用

在香港，对于遭受虐待、被人利用或是疏于自我照顾的无民事行为能力人，监护委员会会运用紧急监护令加以保护。通常是将侵权事件交由警方进行调查处理，视情况决定是否让被监护人入住临时紧急收容所，监护委员会则在可行的情况下，特事特办，开启紧急聆讯程序，使被监护人能够尽早地得到适宜的监护服务。

由于情况紧急，社会福利署署长常常会被委任为临时监护人，直至日后做出一般监护令为止，紧急监护令的有效期最多为三个月。紧急监护令可以赋予临时监护人法定权利，为被监护人做出重要决定，如临时监护人可以同意为被监护人进行治疗，但不包括捐赠器官的手术及不可逆的治疗如绝育手术等。在被监护人需要紧急救治的情况下，医生也可以根据《精神健康条例》第 IVC 部分授予的权利，在尚未取得监护人确认的情况下紧急施救。在香港，紧急监护令被认为是一种阻止被监护人受虐待、被利用的有效干预方法。目前，监护委员会已逐步形成了一套专业高效的运转制度，能够有效发挥社会专业力量，减轻法院的司法负担，最终惠及心智障碍者群体，同时监护委员会还会不断向香港特区政府提供完善监护制度的建议。

## 第四节 我国监护制度变革及对孤独症家庭的影响

### 一、对我国监护制度的简要回顾

1986 年，我国根据传统大陆法系民法理论，制定了《中华人民共和国民法通则》（以下简称《民法通则》）。在《民法通则》的第二章中，确立了我国自然人民事行为能力制度和监护制度。民法上的自然人是指具有自然生物属性的人，是最基本的民事主体①。但由于当时《民法通则》立法时，我国相关法律和标准中，还没有对残疾进行分级分类，在实践中，精神残疾与智力残疾也没有明确区分开来，导致《民法通则》第十三条仅规定精神病人为无民事行为能力或限制民事行为能力人，对能否适用于智力残疾人，则一直存在争议。

1990 年颁布的《中华人民共和国残疾人保障法》第二条首次将"智力残疾"和"精神残疾"明确分开。2011 年，《残疾人残疾分类和分级》（GB／T2341-2010）国家标准又细化了智力残疾和精神残疾的认定标准，从而为 2017 年《中华人民共和国民法总则》（以下简称《民法总则》）的出台创造了条件。

2017 年颁布的《民法总则》是在借鉴 20 世纪 60 年代以来国际监护制度改革有益经验的基础上，按照我国人口老龄化等社会发展的实际情况而制定的，具有一定的创新和突破，如该总则中用"成年人"取代了原先《民法通则》中的"精神病人"，使无民事行为能力和限定民事行为能力人的范围扩大到不仅包括精神病人，还涵盖了智力残疾

---

① 中国法学会对自然人的定义是"基于出生而为民事权利义务主体的人"。

人和民事行为能力逐步丧失的老年人，表达更加准确规范[①]。

更重要的是《民法总则》完善了我国监护制度的类型体系，对监护人的资格、顺序等内容进行了修改，建立了意定监护制度，规定了法定监护、指定监护和意定监护三种基本监护类型，结束了我国只有法定监护和法定监护人的单一现状。同时，增加了"尊重被监护人的真实意愿""对被监护人有能力独立处理的事务，监护人不得干涉"等重要条款，体现了国家监护制度尊重残疾人自我决定权的立法理念，具有明显的进步性，并由此构建了我国监护制度的基本框架与内容，为《中华人民共和国民法典》有关细则的颁布实施奠定了坚实的基础。

2020年5月28日，《中华人民共和国民法典》经第十三届全国人民代表大会第三次会议通过，并于2021年1月1日起施行。《民法典》顺应了时代和我国社会发展的需要，加强了对民事权利的全面保护，有利于孤独症家庭依法解决父母和子女两代人的监护难题。

## 二、《民法典》成年监护的主要类型

1. 法定监护

法定监护是指由法律直接规定监护人范围和顺序的监护。

《民法典》第二十八条规定：无民事行为能力或者限定民事行为能力的成年人，由下列有监护能力的人按顺序担任监护人：

（一）配偶；

（二）父母、子女；

（三）其他近亲属（在民法上，其他近亲属的顺序是兄弟姐妹、祖父母和外祖父母等）；

---

[①] 王治江.实现平等：《民法典》保障残疾人权益的基本理念与价值追求[J].残疾人研究，2020（03）：3-9.

（四）其他愿意担任监护人的个人或者组织，但须经被监护人住所地的居民委员会、村民委员会或者民政部门同意。

### 2. 遗嘱指定监护

遗嘱指定监护是指通过遗嘱的方式来确定监护人。

《民法典》第二十九条规定：被监护人的父母担任监护人的，可以通过遗嘱指定监护人。遗嘱监护对于孤独症家庭具有重要意义，父母可以据此来解决其孤独症子女的监护问题。

需要注意的是，在孤独症家庭中，只有父母担任监护人时才能采用遗嘱的方式指定监护人，而且监护人是根据后死亡的父亲或母亲的遗嘱予以确定的。因此，父母双方对指定监护人的选择最好是一致的，尤其是对已经离异的父母来说，双方对遗嘱监护人的选择一致十分关键，如果在无法达成一致的情况下，只能是谁活得更久就按谁的意愿确定监护人了。

### 3. 协议监护

协议监护是指通过签订协议的方式来确定监护人选和监护责任的一种监护类型。

《民法典》第三十条规定：依法具有监护资格的人之间可以协议确定监护人。协议确定监护人应当尊重被监护人的真实意愿。

协议监护的前提是只能在具有法定监护资格的人中按顺序进行协商确定，例如在成年孤独症家庭中，具有同等监护资格的兄弟姐妹可以通过协商推选一人或几人担任监护人。

### 4. 指定监护

《民法典》第三十一条规定：对监护人的确定有争议的，由被监护人住所地的居民委员会、村民委员会或者民政部门指定监护人，有关当事人对指定不服的，可以向人民法院申请指定监护人；有关当事人也可以直接向人民法院申请指定监护人。

具体到成年孤独症家庭，特别是富有资产的孤独症家庭，父母离去后在亲属之间发生争议的概率可能会更高，经商议协调无果后，最终将通过司法程序在其亲友中确定监护人。这种情况提示家长一定要未雨绸缪，在自己年老丧失监护能力前安排好子女的监护事宜。

5. 公共监护

公共监护即国家履行监护职责，由政府兜底监护。

《民法典》第三十二条规定：没有依法具有监护资格的人的，监护人由民政部门担任，也可由具备履行监护职责条件的被监护人住所地的居民委员会、村民委员会担任。

就成年孤独症障碍者而言，如果他没有配偶、父母、子女和其他近亲属，也没有愿意担任监护人的个人或组织时，则由政府部门兜底履行监护职责。

6. 意定监护

意定监护也被一些业内人士称为委托监护，是一项尊重本人自我决定并得到法律优先保障的监护类型。

《民法典》第三十三条规定：具有完全民事行为能力的成年人，可以与其近亲属、其他愿意担任监护人的个人或者组织事先协商，以书面形式确定自己的监护人。在自己丧失或者部分丧失民事行为能力时，由该监护人履行监护职责。该监护人即意定监护人。

意定监护制度使老年人和育有孤独症子女的老年家长有了更多的选择，可以在自己身心健康、思维清晰时，通过意定监护的方式为自己确定监护人，将来自己一旦失智失能，就由监护人代行民事行为。

特别需要指出的是意定监护只适用于具有完全民事行为能力的成年人，至于无民事行为能力和限制民事行为能力的孤独症障碍者是不能签署意定监护协议的。

意定监护人既可以是个人，也可以是组织。个人不限于近亲属，任何愿意接受委托并具有监护能力的成年人都可以担任监护人。监护人可以由一个或一个以上的人担任，多人担任意定监护人时，可以共同担任或按顺序担任，也可以分别承担不同的代理和监护事项，如有人代理医疗事务，有人代理托养照料事宜。如果是组织担任监护人，该组织则必须经过依法登记，不以营利为目的。

意定监护是《民法典》中的一个亮点，也是对成年孤独症家庭的一个利好，它可以使成年孤独症障碍者的父母按照自己的意愿预先确定监护人，使监护关系不再为血缘关系所束缚，从而获得更多的自主权和选择权。

## 三、对主要监护类型异同的比较

从《民法典》中的以上条款可以看出，孤独症家庭较多涉及的监护类型主要有法定监护、遗嘱指定监护和意定监护。对这三种基本监护类型的比较请详见下列表格内容。

法定监护、遗嘱指定监护与意定监护的比较

| 类型<br>不同点 | 法定监护 | 遗嘱指定监护 | 意定监护 |
| --- | --- | --- | --- |
| 受益主体不同 | 法定被监护人，如孤独症人士 | 遗嘱指定的被监护人，如孤独症子女 | 设立意定监护的本人，如老年父母 |
| 功能不同 | 保障被监护人的生活质量与合法权益等 | 可预防法定继承人之间为争夺遗产出现纠纷，解决被监护人的监护问题 | 保障当事人在世时的生活质量、医疗救治、晚年赡养及死后丧葬等事宜 |
| 协议签署人不同 | 法定监护人可以不签署，也可以协议签署 | 由被监护人的父母签署，或是由父亲或母亲一方签署 | 须委托人本人和受托的监护人同时签署 |
| 监护的生效条件和时间不同 | 自然生效或是村居委会、民政部门同意后生效 | 立遗嘱人死亡后生效 | 从双方达成合意，签署协议时生效 |
| 监护人范围不同 | 主要是由家人和近亲属担任，也可经相关部门同意，由其他愿意担任监护人的个人或者组织担任 | 只能由被监护人的父母订立，并由父母信任的人或社会组织担任 | 凡是依法具有监护资格的人或组织，经协商同意都可以订立 |
| 效力不同 | 效力低于意定监护和遗嘱指定监护 | 遗嘱指定监护优于法定监护 | 意定监护优于法定监护 |
| 监护协议的撤销条件不同 | 如有协议，一般不可撤销 | 设立指定监护的父母撤销遗嘱；或立新遗嘱重新指定监护人 | 本人撤销；监护人放弃 |

意定监护优先于法定监护的裁决，进一步彰显了人的独立意志，是法律对公民权利最大化的支持。但值得意定监护设立者和相关方注意的是：意定监护并不意味着被监护人本人解除了与其近亲属的法定身份关系，近亲属仍具有法定监护人资格，仍需要履行赡养、扶助和保护意定监护被监护人的法定义务，即法定监护人的资格与被监护人是否签署了意定监护协议无关，而与法院的裁决有关，也就是说只有经过法院的裁决才能撤销法定监护人对被监护人的监护资格。如果是非近亲属或者有关组织担任意定监护人的，对于被监护人本人没有法定赡养、扶养义务，也没有为被监护人垫付资金的义务。①

## 四、《民法典》保障被监护人权利的新亮点

《民法典》对被监护人自主权利的尊重和保护，主要体现在以下几个方面。

（1）对成年被监护人／孤独症障碍者的自主权有了明确的法律保障

《民法典》第三十五条规定：监护人应当按照最有利于被监护人的原则履行监护职责。监护人除为维护被监护人利益外，不得处分被监护人的财产。

同时规定监护人在履行监护职责时，应当最大程度地尊重被监护人的真实意愿。保障并协助被监护人实施与其智力、精神健康状况相适应的民事法律行为。对被监护人有能力独立处理的事务，监护人不得干涉。从而为被监护人／孤独症障碍者按照自己的意愿生活、自主选择、自主决定自己的事务提供了法律依据。

---

① 引自李辰阳《成年人意定监护》介绍手册。

（2）被监护人可以自主申请民事行为能力认定

《民法典》规定被监护人可以在自己身心健康状况好转后，主动向人民法院申请，认定自己恢复为完全民事行为能力人，不再由他人替自己做主。

（3）增强了在特殊情况下对被监护人的法律保障

首先，《民法典》做出了在特殊情况下保护被监护人的相关规定。如前文"公共监护"中提到的第三十二条就是专门针对被监护人没有近亲属或近亲属已经丧失监护能力时采取的措施，体现了国家对残疾人的公共监护义务。

同时，在紧急临时监护方面，《民法典》还明确规定在遭遇突发紧急情况、监护人暂时无法履行监护职责，被监护人生活处于无人保护照料的状态时，被监护人居住地的村、居委会或民政部门须负责为其提供临时生活照料，从而完善了被监护人的法律权益保护，满足其生活照料需要。这是2020年新冠肺炎疫情肆虐期间，以心智障碍青年鄢成的生命为代价增设的法律条款①。

此外，《民法典》第二十四条和第三十六条还明确了残疾人联合会在民事行为能力认定和监护中的职责，规定残联可以向人民法院申请认定或恢复被监护人的民事行为能力。对严重侵害被监护人权益的监护人，残联也可以向法院申请撤销其监护人资格，以更好地维护被监

---

① 鄢成是湖北省黄冈市的一位患有脑瘫的青年，其母亲在生下他有孤独症的弟弟后自杀。鄢成兄弟平由由父亲鄢小文照料生活。2020年1月，新冠肺炎疫情在湖北爆发，鄢小文因感染新冠病毒带着小儿子隔离治疗，鄢成被独自留在家中。7天后，鄢成因疏于照料而死亡。在鄢小文被隔离治疗的7天中，心智障碍者家长组织曾多方呼吁，媒体也纷纷报道，引发了社会的关注。民政部为此下发通知，国务院联防联控机制印发了《因新冠肺炎疫情影响造成监护缺失儿童救助保护工作方案》，针对疫情中无监护人的儿童、青少年的救助保护做出部署。之后在《民法典》中增设了"因发生突发事件等紧急情况、监护人暂时无法履行监护职责，被监护人生活处于无人照料的状态时，被监护人居住地的村、居委会或民政部门须负责为其提供临时生活照料"这一条款。

护人的合法权益。

## 五、监护制度变革对孤独症家庭的影响

《民法典》的颁布实施有助于解决孤独症家庭两代人的监护难题，使孤独症障碍者的父母可以通过意定监护，在自己神志清醒时选择信任的人或组织担任监护人，同时还可以未雨绸缪，通过遗嘱指定监护等方式，为孤独症子女提供可持续的照顾和支持。

在对各地的调研中，一些家长也谈到近年来国家监护制度的变革，使自己多年郁结于心的情绪得到一些释放，给家庭带来了希望。

一位生活在北京的L先生说："遗嘱指定监护人对我们自闭症家庭来说是个福音。我和爱人都是80年代大学毕业分配到北京来的，我们夫妻双方的兄弟姐妹都在外地，北京没有亲戚。孩子是独生子，也没结婚。以前在没有现在的意定监护、遗嘱监护时，只能由侄子辈的人来当孩子的监护人，可他们这些晚辈都生活在外地，从小就没在一起，互不熟悉，怎么能尽到监护职责呢？"

"我更担心的还不是这些，我们在北京的房产和储蓄加起来也有上千万，真担心哪天我们不在了，这些亲戚再为财产起纷争，那不就更糟了！就冲这一点，我也得走遗嘱指定监护这条路。"（家长访谈9）

同是生活在北京的Y妈说："前一阵子有人和我说，你要是实在找不到合适的监护人，小区居委会也可以当监护人，你也就省心了。可有个朋友告诉我，她住的小区有一家兄弟俩都有精神病的，父母死后，因为没有亲属做监护人，就由居委会当监护人。"

"居委会的人轮流到家给他俩做午饭、照顾他俩，房产归居委会。可是居委会的人多忙啊，没过太久，大概也就一年多吧，小区里就见不着这兄弟俩了，不知是去精神病院了，还是去哪儿了，反

正再没见着这俩人回家。我总觉着居委会人少事情多,长期照顾孤独症孩子根本就不是办法。"

"所以我一定得早做准备,特别是现在,办法又比以前多了,一定要提前把自己和孩子的将来安排好。"(家长访谈15)

访谈中,单亲母亲S女士说:"我家的情况是,我和孩子他爸离婚多年了,他爸再婚后又有了个儿子,现在也20多了,可我们从不来往。这些年我一个人带孩子过日子不容易,什么活我都干过,现在好容易熬到有房有车了,也为孩子将来的日子攒下了点钱。可要是按照以前的监护规定,我将来不在了,他(指儿子)同父异母的弟弟就成了监护人了!人和钱就都任由他了,我不放心!也不甘心!我听到父母死后监护人只要钱、不管人的事太多了!所以我就想,不是有法定监护人吗,我得想法把我打拼来的房产、财产交给我信得过的。现在的法律真是太好了,我可以自己立遗嘱指定监护人,总比交给他同父异母又没任何联系的兄弟强。"(家长访谈19)

而年近七旬的W妈认为,意定监护解决了自己将来入住养老院和住院签字难的问题。她说:"我现在入住养老院,院方要征得孩子的同意,要有监护人签字,为的是将来我在养老院发生什么事啦、得什么病啦,能联系到孩子。可我这情况特殊啊,孩子签字不顶用啊!所以还是赶上了现在的意定监护好,自己能提前选好监护人,起码住养老院的事就不用犯愁了!将来如果再发展发展,等有了双养,孩子也能和我住一块儿,不就更好啦!"(家长访谈7)

上述访谈表明,国家成年监护制度的改革,打破了传统单一的监护类型,拓展了被监护人及其父母的自我选择、自主决策的制度空间,使这些处于困境中的家庭燃起了新的希望!

事实上,不仅是孤独症家庭,所有没有法定监护人的孤寡老人、失去独生子女的父母、儿女不在身边的独居老人，不婚不育的丁克家庭、被子女虐待的老年人都应考虑确定意定监护人，以避免想帮助他们的人因为没有合法资格而无法替他们选择养老院、决定医疗方案、管理房产和存款，致使生活质量与合法权益得不到应有的保障。

同时，意定监护还能更细致地区分和满足被监护人的需求，例如，被监护人可以将监护职能细分为人身、财产和医疗三类，通过选择不同的监护人，实现监护需求的个性化，也可以采取限定或禁止监护人行使某些权限，为自己提供更切实的保护。

总之，从法律层面上讲，成人意定监护是尊重被监护人自主决定权的体现，可以与现有的法定监护一起，共同发挥对被监护人的人身与财产监管功能，实现监护主动保护与被动保护的统一。

需要说明的是，无民事行为能力或限制民事行为能力的孤独症障碍者不能为自己设立意定监护，因此，父母在为他们选择监护人或做遗嘱指定监护时一定要注意了解和尊重他们本人的意愿。

## 第五节　我国在成年孤独症监护领域的创新实践

如前所述，成年孤独症的监护问题是破解"家长走了，孩子怎么办"这一终极问题的难点，也被家长们视作"三座大山"的制高点，但这一困难从未阻止专业人士和家长们探索的脚步。2017年《民法总则》和2020年《民法典》的颁布实施，为我国探索成年孤独症监护之路提供了良好的制度空间，各地的家长组织和专业人士以此为契机，将孤独症家庭的监护需求置于国家成年监护制度变革的时代背景之中，开启了破解监护难题的有益实践，并取得了一些创新性成果。

根据本项目实地调研和搜集到的文献资料来看，自2016年开始，在我国的北京、上海、广东、浙江、辽宁、福建等地都相继开始了包括对成年孤独症在内的心智障碍者的监护探索与行动，这一过程大致经历了如下几个阶段。

## 一、以研究学习和知识传播为先导

对这一特殊需要群体的监护探索以研究学习为发端。2016年7月，中国智力残疾人及亲友协会（以下简称"中国智协"）在北京主办了"民法总则（草案）心智障碍者监护制度"研讨会，会议对我国现行的监护制度进行了解读，就如何实现《残疾人权利公约》和我国《民法总则》相关监护制度的完善进行了研讨，提出废除无民事行为能力人的概念，主张家长组织应在监护监督机制中发挥作用，成为第三方监管（评估）组织的重要组成部分。其后，全国心智障碍者家长组织联盟组织法律专家、家长组织和家长代表等共同形成了《关于对＜民法总则＞（草案）行为能力与成人监护制度修改建议案》，提交给全国人大法制工作委员会，为推动国家成人监护制度的变革积极建言献策。

2017年，由中国精协副主席肖扬研究员主持的大龄/成年孤独症未来生存与发展项目，开启了对成年孤独症监护的实证研究，以了解孤独症家庭的监护需求、面临的问题与建议，并以此为基础，在北京举办了面向大龄和成年孤独症家长的系列公益培训班，就家长们普遍关心的"如何选择监护人""如何保障被监护人权益"等问题进行研讨，引发孤独症家长和家长组织的关注。

学习借鉴港台经验，开展成年监护知识的传播也是这一阶段的主要行动。北京百行宜众助残法律服务与研究中心的范晓红律师从2017年起，多次促成内地的专业人士、孤独症家长到香港监护委员会学习考察，把香港的监护制度、服务经验、财产信托等相关信息带回了内地。同时，这一团队还持续开展与监护、法律维权相关的公益咨询，为孤独症家庭答疑解惑，提供专业支持。

与此同时，各地的家长组织也积极开展线上线下的宣传，并通过举办沙龙、座谈或微信群等方式，传播普及成年监护知识。深圳市守望心智障碍者家庭关爱协会积极邀请律师一起探讨"委托服务监察"的可行性，围绕法律条文的梳理举办小型座谈和调研，并于2019年在柳州举办的家长组织年会上，就"家长参与成人监护、服务监督的角色"等话题展开讨论[①]。

通过参与这些活动，家长、家长组织和业内人士都认识到：要破解我国成年孤独症家庭的监护难题，只靠个体和家庭的力量是远远不够的，也是缺乏保障的，必须促进传统的"家庭监护"向现代的"社会监护"转化，发挥家长组织的作用，走专业化、社会化的成年孤独症监护之路，这一认识也成为在我国孕育建立社会监护人组织的思想基础。

## 二、社会监护组织的孕育与建立

伴随着对成年监护知识的研究、学习和传播，推动孤独症成年监护制度发展的行动也逐渐在上海、北京、厦门、宁波等地开展起来，促进了社会监护人组织的孕育和建立。

2018年，上海成年孤独症人士的父亲周良骅先生联合96名家长抱团取暖，开始了具有"准监护"意义的入户探访活动。经过两年多的不懈努力，于2020年12月注册成立了"上海普陀区爱托付关爱服务中心"，目的是为心智障碍者家庭提供完整的社

---

① 张凤琼，《浅谈在参与信托、监护、监护监督、意定监护议题中家长组织的思考》，详见"深圳守望协会"公众号（2020年5月16日）。

会监护服务。在他们看来，社会组织作为监护人会比个人的监护时间长，决策更公正，还可以受到社会监督，父母的钱财也更有可能安全地用在其子女身上。

与此同时，一些有影响的家长组织如北京市海淀区融爱融乐心智障碍者家庭支持中心（以下简称"融爱融乐"）等也就家长组织作为社会监护人进行了可行性论证。他们认为公益性家长组织在理念上与国际社会的监护理念相契合，与孤独症障碍者群体有着天然的联系，更易于了解和理解有障碍的孩子，容易与家长形成信任关系，具有一定的社群基础。相较于家人的监护，家长组织更具有可持续性，也更容易整合组织的内外资源，提高专业化、职业化服务水平，并可通过制订标准化流程、规范化的服务及监督决策，提高监护效能[①]。基于这一认识，融爱融乐于2021年开始尝试作为准社会监护人，承接心智障碍家庭[②]的监护服务。

在此前后，家长组织探索社会监护服务的行动也陆续在其他地区逐步展开。2019年9月，厦门小蜗牛身心障碍者家庭支持中心为回应广大家长的需求，启动了爱心托付项目，他们秉承"预则立、不预则废"的信念，促进家长知行合一意识的提高，努力构建由家长组织作为监护人和监督人的服务模式，并于2020年9月编制、推出了"爱心托付协议（参考文本）2.0版"，为下一步签署成年心智障碍者监护协议奠定基础[③]。

2021年11月9日，宁波市公益组织——宁波市星宝自闭症家庭

---

[①] 孙立伟，《家长组织作为指定监护人的探讨》，根据2021年6月20日在"正青春 创未来"主题沙龙上的演讲整理。

[②] 本书中的"心智障碍家庭"系指家中养育有心智障碍子女的家庭。

[③] 小蜗牛身心障碍者家庭支持中心，《爱心托付 | 第二家爱心托付协议完成公证生效》，详见"厦门小蜗牛"公众号（2021年12月28日）。

支援中心获得宁波市民政局批准正式成立，其业务范围包括"接受家长委托，对孩子提供约定的照护服务，履行约定的监护职责"。

上述情况表明，家长组织正在成为推进我国成年孤独症监护服务社会化的重要力量。

这一时段成年监护制度的发展，还体现在 2020 年 7 月，上海闵行区民政局出台了《闵行区推进公共监护人制度实施方案（试行）》，并成立了公共监护服务组织——上海市闵行区尽善社会监护服务中心（以下简称"尽善监护服务中心"）。该中心是全国首家专业从事社会监护服务的组织，服务内容包括：受托作为代理人、监护人和监护监督人为委托人提供服务，具体事项有公证备案、医疗决定、民事诉讼、寻找养老院等。上海市普陀公证处的公证员李辰阳是中国首批意定监护公证人，他指出，在上海没有设立监督人的监护案例中，大多是由公证处发挥公共监督职能。目前他已经经办了包括残疾家庭公证在内的 300 多个案例，并注意在实践中不断完善意定监护流程，及时分享相关的知识，为孤独症家庭和家长组织提供了有益的经验和借鉴。2021 年 12 月 18 日，尽善监护服务中心举办了全国首届社会监护人培训，以促进《民法典》意定监护制度的落地实施，迈出了培养社会监护人的重要一步。

2021 年 4 月，上海市还成立了静安"爱之星"社会服务监护中心，专门为孤独症障碍者提供监护服务，助益孤独症家庭监护问题的解决。

在广州，2021 年 11 月 17 日成立了广东省第一家社会监护服务中心——广州市荔湾区和谐社会监护服务中心，该中心为民办非企业单位，目前担当着"特殊需要人群的监护服务、公共监护理念的推广、服务体系的建立与执行、推动公共监护制度的建立等角色"[①]。

社会监护组织的建立,有利于分担国家监护的负担,为成年孤独症群体监护的专业化、社会化发展创造了条件。

## 三、成年孤独症监护协议的签署

2020年新冠肺炎疫情肆虐,湖北黄冈市青年鄢成因缺乏监护照料而惨痛离世。这一事件在全国孤独症家庭中引发强烈震动,加剧了广大家长对监护缺失后果的担忧和焦虑,客观上加快了监护知识的传播和各家长组织的行动。

越来越多的家长组织通过线上直播、线下讲座等多种方式宣传监护知识,在业内颇具影响的自媒体"大米和小米"和专注于孤独症康复的"ALSO孤独症"平台也都积极编写、传播监护信息,回应广大家长的急迫需求。

北京市晓更助残基金会和北京市智力残疾人及亲友协会的李俊峰主席等人积极谋划建立社会支持体系的整体框架,意在将监护监察、特殊需要信托、社区化生活照料和枢纽型服务组织整合成一整套运行机制,把碎片化的服务衔接起来,逐步将家长组织孵化成意向性社会监护组织。力求从务实的角度先做起来,其后再不断优化调整,逐步完善。

至2021年10月,上海普陀区爱托付关爱服务中心汇聚起102名家长志愿者,并与其中的33位签署了探望合约,他们组成5人小组,每三个月轮换一次,对这些签约家庭进行居家探望,培养与孤独症孩子的感情,并记录探望清单,进行专案管理和预案准备。该中心还聘请了律师、医生和专职人员,谋求专业化发展,以

---

[①] 蔡盛.社会监护组织是公共监护制度不可缺少的关键模块[N].广州日报,2021-12-26.

保证未来探望的良性循环。中心的创办者们表示："探访将是一个持续滚动的过程，由年轻的家长去看望年老的家长，使它成为一个传帮接代的方式。"该中心成为家长抱团自救的典范[1]，带动了各地家长组织开展探访服务的有益尝试。

广州扬爱特殊孩子家长俱乐部（以下简称"广州扬爱"）积极对接监护资源。2020年11月12日，广州市南粤区公证处为12个心智障碍者家庭提供了意定监护和监护方案设置方面的详细咨询，并同意为家长们提供监护协议办理服务。如果家长找不到合适的监护人，还可以向公证处提出申请，由社会监护人组织或职业监护人来担任。

北京百行宜众助残法律与服务研究中心于2021年10月组建了面向心智障碍者家长的"汇安心"法律文件辅导群，设计推出了律师版的心智障碍者照顾清单，并以此为抓手，为家长提供详细的法律专业指导。通过录制系列短视频，普及监护法律知识，引发孤独症家长和专业人士对成年监护的持续关注。

2020年12月1日，厦门市湖里区小蜗牛身心障碍者家庭支持中心的首个家庭爱心托付协议经公证生效。这首份协议包含了两代人的监护、监督条款，为心智障碍者家庭解除了后顾之忧。

2021年9月，成年孤独症障碍者的母亲、北京星星雨教育研究所（以下简称"星星雨"）的创办者田惠萍女士通过签署国内首单孤独症服务信托合同及系列文件，为儿子设立了监护人和监察人。她指出，2021年起实施的《民法典》增加了遗嘱指定监护制度，解决了她十几年的难题[2]。其后，北京、广州、宁波等地都有孤独症家长通过签订监护协议、遗嘱来安排成年子女监护的案例。这些富有勇气的行动使广

---

[1] 冯欢.意定监护，守护生命最后的尊严[J].三月风，2020,12：4-5.

[2] ALSOLIFE，《田惠萍：把普通孩子当目标，一辈子都不可能过上高级的生活》，详见"ALSO孤独症"公众号（2022年5月24日）。

大家长看到了希望，增强了解决子女监护问题的信心。正如北京市晓更助残基金会冯东理事长所言，通过监护协议文本的签署，可以训练、提升家长的托付能力，为其他公益组织提供有益的借鉴①。

## 四、推动国家成年监护监督体系的构建

通过几年来对国外意定监护经验的汲取借鉴和对国内成年监护实践的探索总结，专业人士和家长组织都更加深刻地认识到要从根本上解决成年孤独症群体监护难的问题，就必须站在更高的层面上，以更广阔的视野推进国家成年监护监督制度的完善。为此，一些专家学者和家长组织力求通过高层倡导，推动成年监护领域的法律政策变革。

2022年全国两会期间，北京市晓更助残基金会通过人大代表在提交全国人大的建议中提出由政府担任监察人角色，培育社会监护人组织等政策建议②。同年，中国残联专门协会评监委副监事长肖扬通过全国人大常委会委员向全国人大提交了《关于构建成年心智障碍者监护监督体系的建议》（详见附录二），在对必要性、可行性论证的基础上，提出由民政部依法履行成年心智障碍者监护监督的主体责任，确定相应的职能部门和责任人，促进我国监护服务专业化、社会化发展等建议③。

2022年6月，民政部在对该人大建议的回复中指出，"建议很有针对性，对政府部门推动构建心智障碍者监护监督体系具有重要借鉴参考意义"，并从以下四个方面对民政部和中国残联下一步的成年监护监督工作进行了部署，一是开展对心智障碍者群体在内的监护监督制

---

① 引自冯东先生2021年10月13日在"托付与生活"论坛上的演讲。

② 晓更基金会，《两会早知道：晓更基金会4份提案建议重点摘要》，详见"晓更基金会"公众号（2022年3月3日）。

③ 肖扬.关于构建成年心智障碍者监护监督体系的建议[EB/OL]. https://autism.com.cn/zxzd/802.html.

度研究，加强对村、居委会人员的监护专业培训，在有条件的地方开展监护监督工作试点；二是指导支持各地加强精神卫生福利机构建设，积极推行政府购买精神障碍社区康复服务；三是积极推进监护领域社会组织的健康发展；四是加强残联组织对照护机构、监护人资格及履职情况的监督。与此同时，民政部为顺应国家监护制度变革和民政系统依法履职的需要，积极进行政策储备，启动了《对限制民事行为能力人和无民事行为能力人民政部门监护责任政策研究》，并组织专家启动了《民政部门监护服务工作指引》的编制工作，用以指导各级民政部门依法履职，做好公共监护服务，并强调在编制工作指引的过程中注意倾听心智障碍者群体的呼声和建议。

民政部的回复和行动，使心智障碍者家庭看到了希望，特别是由此明确了成年心智障碍者监护监督的主责部门，对于畅通弱势群体的利益表达机制，将政策倡导落到实处具有积极的促进作用。

## 五、对成年孤独症监护发展趋势的认识

通过以上对国家"十三五"以来成年孤独症监护发展历程的梳理与回顾，可以得出如下初步认识。

①在法定监护、意定监护和遗嘱指定监护这三种监护类型中，采用遗嘱指定监护解决孤独症障碍者监护难的问题，或将成为未来一定时期内越来越多孤独症家庭的选择。

②从已签订监护协议的家庭看，成年孤独症障碍者的父母在签订协议时，往往会对家庭财产等事宜一并做出安排，即将解决监护监督和财产托付以及孩子的未来生活照料问题统筹起来一并加以考虑。

③社会监护组织的建立，家长组织作为监护人、监督人的探索尝试，或将成为家长组织新的服务增长点，形成与政府职能互补的关系，

弥补国家基本公共服务之不足。

④成年监护协议的签署，标志着在解决孤独症家庭急难愁盼的事情上迈出了重要的一步，这使广大孤独症家庭增强了战胜困难的信心，也显示出上述社会组织筚路蓝缕、以启山林的勇气，它们将成为推动我国成年监护监督制度发展的重要力量。

⑤截至 2022 年底，成年孤独症家庭签订监护协议的数量还极其有限，这反映出未来工作的艰巨，说明在成年孤独症监护监督领域还有许多法律上、制度上的问题亟待破解。

## 第六节　成年孤独症监护的现实困境与成因分析

虽然我国的成年孤独症监护在国家和社会各方的推动下取得了一定的突破性成果，但从总体上看，还是处于破冰的状态，签订监护协议的家庭还是寥若晨星。无论从宏观的国家法律制度层面，还是从中观的社区和家长组织层面、微观的家庭和个体层面进行审视，都面临巨大的挑战。对于孤独症障碍者群体而言，要将从国家监护制度变革中获得的法律权利转化成现实生活中的切实保障，还需要政府、社会和家庭强有力的支持和持之以恒的努力。

### 一、成年孤独症监护难的现实困境

本研究在对成年孤独症家人的深度访谈中发现，虽然孤独症家庭的情况各异，但在对子女的未来监护问题上，最终都会聚焦到同一个难点上，即找不到可以托付的、合适的监护人，这成为众多成年孤独症家长的共同痛点。

北京家长 D 女士说："我的兄弟姐妹都在国外，北京只我一家，即使给钱，人家也不可能回国发展。没办法，近几年我就带着孩子上东北、去云南，把我堂姐和表哥家都跑了一遍，就是想看看，他们的孩子有没有可能将来能当监护人。结果，不跑还好，还抱有一线希望；跑回来，我就彻底失望了！因为从小就没有生活在一起，侄女、外甥见着我孩子都害怕，只是出于礼貌和他打个招呼，就理都不理他了，更不用说和他聊天了！直到最后，监护人的事我连提都没敢提就回北京了！"讲到这里，D女士黯然神伤，沉默良久。（家长访谈5）

另一位家长H女士说："我兄弟姐妹多，小时候我孩子整天和他们的小孩在一块儿玩，一起长大。儿子十几岁那会儿，我有时会忍不住念叨，这孩子将来可怎么办啊！每到这时，我外甥就对我说，'姨，您别发愁，将来我管他'。直到儿子20多岁时，他还总这样说，我心里又感动又温暖，平时对他们这些晚辈也特别好。可是现在，我孩子都35了，我也六十大几了，他们都不再说管他的话了！我心里很难受，可也能理解，毕竟管咱这孩子，是个太大的负担，人家年纪轻轻的，凭什么替你背着这个沉重的十字架过一辈子啊！"说到这里，H女士满脸的无奈！（家长访谈8）

在对B姐的深度访谈中，她直言："反正我该想的法儿都想了，该尽的力也都尽了，实在没辙了，只能由国家兜底，听天由命了！先前我不认命，总跟我姐商议监护人这事。我说，你要多少钱我都给，我死了连房子都给你，让你儿子管管我孩子！结果到最后，你猜我姐怎么说？她说，妹子，姐不答应，不是怕你给我儿子添麻烦，实话告你说，这孩子连他爸病了他都不愿意管，还能管你儿子吗？！依我看，这钱啊，你自己好好留着，该吃吃、该喝喝，实在不行，不是还有国家兜底吗？这两年，我也想明白点了，这本来就是一个无解的题，整天纠结也没用，还是佛系点好，有利身体健康。我现在就是随遇而安，

听天由命了！"（家长访谈 16）

在对成年孤独症家长的焦点组访谈中，一些家长认为，"我们的身后事不外乎两个，一个是管人，一个是管钱，说起来这两件事都不容易，但管人比管钱更困难，毕竟，愿意管钱的比愿意管人的多多了，保险公司、信托公司都能管钱，但管人的呢？合适的监护人上哪去找呢？"（家长焦点组访谈资料）

可见，寻找可靠合适的监护人已成为成年孤独症家长最迫切需要解决的现实问题。

## 二、成年监护监督的痛点与现实状况

现实生活中，要有效保障被监护人的权利不受侵害，就需要设立监督人或监督组织，对监护人的履职行为进行监督。

研究发现，对孤独症家庭而言，确定监护监督人是比寻找监护人更难逾越的一道坎，主要是以下两种情况令家长们望而却步。

一是害怕设立监督人会引发监护人的不满。

"既然你不信任我，找人监督我的行为，为什么还要来找我做监护人？"成年孤独症家长 M 女士的纠结和感受颇具代表性。

"我爱人的侄女特别优秀，对我儿子和我们一家人都很好，也愿意做孩子的监护人。至于监督人这块，我也有专业的律师人选，可我就是不知道怎么跟他侄女开口说监督人这事，怕伤了她的心，好像是我信不过她，就又给找来个婆婆盯着她一样。"（家长访谈 31）

二是设立监护监督人还需要再支付一笔费用，令许多家庭感到不堪重负。

正如天津家长 Q 妈所言："生这么个孩子，哪儿哪儿都需要钱，将来我们不在了，他可能还要独自生活几十年，送托养照料机构要钱、买保险信托要钱,找监护人没钱不行,找监护监督人还得要钱!还有什么民事行为能力鉴定啦、设立遗嘱公证啦都得花钱!我自己还要养老看病,哪有那么多钱?把脖子扎起来不吃饭也拿不出那么多钱啊!"(家长访谈22)

由此可见,家庭经济问题也是导致当前国内意定监护中缺少监督环节的原因之一。上海市普陀区公证处的李辰阳公证员表示:从近两年上海的情况看,没有设立监督人的监护案例,大约占到90%。但监督机制是维护被监护人合法权益的必要手段,是整个监护服务链条中不可或缺的重要环节。有家长明确发出了"无监督不监护"的呼声,认为没有监督的话是得不到监护保障的。

总之,导致成年孤独症家庭面临监护难、监督难、签约难的问题成因是多方面的,其影响因素涉及微观的家庭层面、中观的社会组织层面和宏观的国家层面。

## 三、微观家庭层面的原因及后果分析

### 1. 孤独症家庭难以确定监护人的原因

导致成年孤独症家庭意定监护难的原因,归纳起来主要有以下几方面。

(1)传统家庭结构的式微

现代家庭结构日趋小型化,社会的快速转型与变迁加剧了家庭成员的迁徙与流动,传统村居社会中依靠大家族血缘关系家族成员共助共济,共同养护心智障碍者,这一情形在现在日趋少见。

(2)监护人的责任过于繁重

履行成年孤独症监护职责,具有责任重、事务多、时间跨度长的特点,而当前与成年孤独症年龄相仿的中青年人生存压力也大,对于监护一职他们常常会闻而生畏。尤其是被监护的孤独症障碍者一旦做出妨害社会和他人的行为，监护人难辞其咎，这也是导致监护人难以寻觅的一个重要原因。

（3）成年监护的专业性强

监护本身是一项法律制度，监护人最重要的职责就是民事行为的代理。代理民事行为必然会涉及财务问题、法律问题、医学问题的决策，如财产的信托、房屋的处置、是否施行器官摘除术等，没有一定的专业知识，一个人难以完成好对被监护人人身、财产和医疗等各方面事务的处置。

（4）对未来的不确定性

即使找到了可以托付的监护人，孤独症障碍者的父母仍会担心不可预料的变故，如监护人要出国定居，或是患病、遭遇意外而无法履职，这也是影响他们难以确定监护人的重要因素。

2. 导致监护协议签约难的原因

（1）一些家长缺乏基本的监护知识

如前所述，监护本身是一种民事法律制度，专业性强，涉及问题繁杂。从本项目的调研结果看，大部分成年孤独症家长缺乏基本的监护知识，例如，许多成年孤独症家长认为自己就是孩子的法定监护人，可以代理孩子行使一切民事权利。对于《民法典》第二十九条"被监护人的父母担任监护人的，可以通过遗嘱指定监护人"这一规定，认为自己作为父母理所当然地可以为孩子设立遗嘱指定监护，而忽视了在做遗嘱指定监护前必须先行确认孩子的被监护人身份。访谈中发现，北京的一些急于为孩子找监护人的家长，并不了解必须先向法院申请为孩子做民事行为能力鉴定后，才能确定孩子的被监护人身份，甚至还有一些家长对这一必经的司法鉴定程序一无所知。

这一状况，也在深圳实施的另一项调查中得到验证："家长监护知识的匮乏是一个普遍存在的现象，大部分残疾人及其家庭成员对监护人的概念认知都不准确，成年残疾人的父母倾向于推定自己是监护人，并在实践中扮演监护人的角色。"① 家长监护知识的缺乏无疑是影响孩子享有监护保障的重要因素。

此外，家长监护知识的缺乏也体现在对监护人职责的错误认知上。在现实生活中，由于成年孤独症社会化服务的匮乏，家庭承担着孤独症障碍者照料的无限责任，尤其是父母，更是被孤独症子女严重"捆绑"。调研中发现，不少家长从自身的生活经验出发，将监护人的角色等同于生活照料者，这无疑也加重了寻找合适监护人的难度。

（2）监护信息不完整，家长学习负担过重

从目前搜集到的资料看，国内缺乏针对孤独症障碍者监护监督的完整信息，如系统的读物、书籍或培训手册等。家长获取监护知识的主要来源多是通过微信群、家长之间的交流、线上直播等，了解到的监护知识往往是碎片化的，甚至是相互抵牾的。一些专业人士在使用基本概念名词时的不一致，如遗嘱监护、遗嘱指定监护、意定监护、委托监护等，也加重了家长的困惑。

事实上，要实现为孩子订立一个完整有效的监护方案，家长不仅需要较长时间的学习和思考，更需要与专业人士反复沟通，这在客观上对工作、照料负担已很沉重的家长来说，无论在时间和精力上都是一个很大的挑战。

家长C女士的情况很有代表性，"提起孩子监护的事，不看这些微信还好，一看我就头大！以前一看到监护知识就收藏，可是没完没

---

① 引自中国残联研究室、残疾人事业发展研究中心内部资料——2018—2019年度中国残联研究课题报告。

了，太复杂了，想一步步地弄明白太难了！搞得自己还特别烦，有时真想把这些收藏都删了！可是，一点儿不了解又不行啊，但是了解个一知半解也不管用啊，将来孩子要是没安排好，自己也闭不上眼啊，所以心里特纠结！"（家长访谈 24）

家长座谈中，一些中年母亲表示出这样的想法："我们现在是上有老下有小，一老一残都靠我，孩子监护的事，也只能是看看停停，也是越想越焦虑！"（家长座谈资料）

监护是关系孩子未来生存的大事，其性质本身就决定了家长必须慎重行事，而他们对监护知识的缺乏、了解不清晰，也成为导致部分家庭迟迟没有签约的重要原因。

（3）家庭经济条件有限，家长有心无力

成年孤独症障碍者在父母离世后，除国家兜底和法定监护外，其社会监护将主要由专业人士、社会监护组织来承接，而这些服务费用如监护费、监督人费用、司法鉴定费、协议公证费等，都需要家庭购买支付，这对于经济条件一般的家庭无疑是一个挑战。

访谈中，J 女士说："我一儿一女都已成年，儿子是自闭症。我原来也想找社会监护人、监督人，因为我不想让女儿当监护人，过和我现在一样的日子，不想给女儿增添任何负担！我曾对女儿说，哥哥不用你管，将来你自己过得好就是父母最大的心愿。可是最近我一算这笔钱啊，还真是有心无力了！弄不好将来还得靠女儿当监护人。"（家长访谈 36）

（4）父职的缺位，家人难以形成共识

孤独症子女的监护人选和费用等，需要父母共同商议，但在现实生活中，由于孤独症家庭"男主外、女主内"的性别分工模式远高于一般家庭，也导致不少父亲在孩子养育和未来安排上的缺位。调研中发现，父职的缺位往往表现为父亲的回避、推脱或不愿为此投入精力。

长沙的 L 女士抱怨说："儿子监护这么大的事，他（丈夫）一点儿都不想操心，每次我跟他讲不到一半，他就烦得不想再听了，说'我这一天到晚没黑（夜）没白（天）地在外面赚钱养家就够累了，你让我清净清净多活两年行不行！'和婆婆商议，她更是一头雾水，反倒问我：'你绕来绕去地说了这么多，到底想怎么办啊？'说到最后，连我自己都没劲讲下去了，总也没法得出个一致的想法，只能先这么一天天地过吧！"（家长访谈 28）

### 3. 成年孤独症监护签约少的后果

成年孤独症缺乏有效监护的直接后果是影响其未来的生活和权益保障。同时，监护领域缺乏行动和对其的投入不足，也使一些家庭的资金无法有效盘活，其后果是导致监护人培育资金不足和相关部门工作缺乏动力，使成年监护服务进展缓慢，难以形成良性循环，最终会造成监护费用较高和有钱买不到满意服务这两种情况的同时并存，使成年孤独症家庭对子女未来安置的焦虑持续蔓延。

## 四、中观组织层面的问题及因素分析

### 1. 社会监护组织尚未培育起来

从长远发展来看，成年意定监护专业化、社会化已成为趋势，但由于我国意定监护制度实施时间不长，有资质的专业监护人和监护组织十分缺乏，这也成为滞碍我国成年意定监护发展的重要因素。职业监护人和社会监护组织的发展需要在实践中不断积累个案服务经验，家长组织作为社会监护人也需要有较长的孵化周期。然而，签订监护协议的数量少，制约着个案监护经验的积累，也限制了人们对监护人职业的选择，不利于行业的发展。

同时，家长组织受种种条件的限制，对社会监护人的培育和组织孵化能力有限。正如上海普陀区爱托付关爱服务中心的创始人周良骅先生所言："尽管我们成立爱托付的初心是为心智障碍者家庭提供完整的社会监护服务，但实际上在它成立时已经被要求暂时不做监护服务，这成为批准注册的前提条件，其原因是审批单位认为该组织还不具备担任监护人的经验与能力，贸然提供服务，风险太大。所以目前我们提供的主要是探望服务。"

2. 村、居委会的法定监护责任难以落实

在《民法典》的第三十一条、第三十二条中，明确规定了村委会和居委会对被监护人的法定责任，包括村、居委会可以指定或担任监护人等。但本研究在对两个区镇的实地调查中发现，居委会成员并不了解孤独症，对相关法定监护责任的理解也不够清晰，不知晓在设立监护人之前需要先对成年孤独症进行民事行为能力鉴定，等等。这样，监护程序就有可能被随意启动，就会出现孤独症障碍者自主行为的行使权被剥夺的风险。而且在司法实践中，由于监护人的责任重，村、居委会工作繁忙，其法定监护责任难以落实。

## 五、宏观国家层面的问题与原因分析

1. 政府职责尚不到位

从国家义务和人权保障的角度而言，孤独症障碍者权益保障的主体责任是政府，对成年孤独症的监护监督是我国残疾人保障的应有之义。但目前，政府相关部门在依法履行监护监督职责方面尚存诸多不足，国家既缺乏对职业监护人、监督人的培养，也缺乏对公共监护组织的培育，更缺少对成年孤独症群体监护监督的资源配置和财政投入，使成年孤独症家庭在解决"身后事"上承担了无限责任。事实上，成年监护涉及被监护人生活的诸多方面，需要生命安全、养护照料、经济保障、医疗救治、权利实现等各方面的支持，企望父母在有生之年安排好孩子后半生的一切是不现实的，对其家庭更是难以承受之重。正如一位家长所言："一个特殊需要的生命如果只能依赖其家庭，那么尊严的保障就不复存在。"①同理，仅靠一个家庭完成对孤独症障碍者的终身监护和监督，不仅是家庭的悲哀，也是社会的悲哀。政府主体责任尚不到位，一些法律政策的覆盖面和可操作性不足，是导致成年孤独症家庭难以走出监护困境的重要原因。

2. 监护监督制度之不足

从现实情况看，当前我国成年监护权的设置无法排除利益冲突，无法有效防止包括近亲属在内的监护人滥用职权侵害被监护人的权益。上海普陀区爱托付关爱服务中心几年来探望成年孤独症的实践表明，没有公权力的介入，只依靠家长互助他们是难以真正起到监护监督作用的。目前他们所能做到的仅限于一些签约家庭的居家探望，而对于那些生活在养护机构或未签约家庭中的孤独症障碍者，进行入室探望就会受到一定的限制。从未来发展看，父母一旦离世，许多成年孤独症都会进入养护机构或与亲属一起生活，如果没有公权力对监护行为进行监管评估，孤独症障碍者的合法权益就无法得到保障。

调研中，笔者对 F 律师的访谈也验证了这一点："有家长委托我做监护监督人，我提出的前提条件就是，在我入户履行监督职责时，监护人要保证大门始终是向我打开的，否则我无权入户，因为我没有法定权利，除非我是警察、法院工作人员，这个问题需要公权力介入才

---

① 田惠萍女士于 2021 年 10 月 13 日在"托付与生活"论坛上的演讲。

能破解。另外，我作为监督人，监督工作完成后，写的监督报告交给谁？没人管我，完全凭良心，这种监督就没法做。"

"在香港，专门设有监护委员会，负责审定监护报告，监管账目，针对监护侵权行为制定强制报告制度，如果被监护对象有问题不报告，就会受到法院制裁。"（专业人士访谈1）

L律师认为，"在监护过程中，要使监督体制发生作用，就必须保证监督人的独立性，监护人和监督人之间要没有利益冲突，而做到这一点，需要国家在立法和政策上加以突破与解决。"（专业人士访谈3）

另外，监护监督在制度设计上的不足还体现为监护监督主体的多元，如村委会、居委会、学校、医疗机构、妇联、残联、民政部门等，由于各监督主体之间职责边界不清，容易造成相互推诿的情况。同时，监护监督的职责单一，仅限于向人民法院申请撤销监护人资格，难以实现有效保障被监护人的合法权益。

总之，不确立行之有效的监督制度，成年孤独症群体的监护问题就不能得到妥善解决。

### 3.民事行为能力鉴定制度的不完善

民事行为能力鉴定是形成监护与被监护关系的前提条件，也是监护制度的基础。我国众多的孤独症障碍者大部分需要通过民事行为能力鉴定确定监护关系。在现实生活中，成年孤独症常常是由他们的父母代理实施民事法律行为，保护他们的合法权益并辅助或代理他们做出人身、财产、医疗、维权方面的决定。但是，在《民法典》和相关法律中并没有认定成年孤独症障碍者的父母是监护人。从法律关系上讲，父母并不是监护人。在中国残联颁发的残疾人证上，监护人一栏也是空白，并没有标明父母的监护人身份。孤独症障碍者的父母是现实生活中的监护人，却不是法律意义上的监护人，其代理行为的合法性、有效性，在法律上也没有明确规定，导致了司法实践上的困惑，不利于孤独症障碍者合法权益的有效保护。

同时，我国的民事行为能力鉴定结论过于简单，也令不少家长和心智障碍者组织感到不满。2016 年，曾有近 3600 户心智障碍者家庭和 25 个家长组织联名提交建议书，希望能够细化限制民事行为能力的界定，根据心智障碍者的自主权设立不同程度的监护权；对认定限制民事行为能力人的裁决，应征询当地心智障碍者组织的意见，等等[①]。

4. 被监护人权益保障的滞后

《民法典》第三十六条规定，要撤销监护人的资格，须在监护人已实施严重损害被监护人身心健康的行为、导致被监护人处于危困状态之后，才能向人民法院提出撤销监护人的申请。这种事后补救的做法无法有效保障被监护人不受伤害。

## 第七节 政策建议与行动方向

### 一、对国家和政府的政策建议

据估计，我国有孤独症障碍者 1000 余万人，并以每年新增超过 16 万人的速度在增长。我国心智障碍者的数量约为 2580 万人[②③]，同时还有大量生活不能自理的成年罕见病患者，涉及近亿的家庭人口。

---

① 《各地家长组织联名递交对〈民法总则（草案）〉中行为能力与成人监护制度修改建议案》，详见"心智障碍者家庭支持网络"公众号（2016 年 8 月 4 日）。

② 周玲. 中国心智障碍者保障状况蓝皮书 [M]. 北京：中国社会出版社，2020.

③ 根据中国残疾人联合会编的《中国残疾人事业统计年鉴》2021 年的数据，全国已办理证件的残疾人共计 3780.7 万人，其中智力残疾人为 336.9 万，精神残疾人为 403.7 万，多重残疾人为 193.2 万，此外还有大量未持证的残疾人。

伴随父母年龄的增长、不断衰老和染疾生病，这些已经成年却又不能自立的子女由谁来监护照料，一旦父母离世后，其权益未来该如何保障，已成为我国社会迫切需要解决的问题，亟须通过国家的制度安排和资源配置托底补短。

当前，我国社会已经全面实现小康，具备了一定的社会经济基础。习近平总书记指出，"人民的美好生活就是我们的奋斗目标"，让广大残疾人过上幸福美好的生活，是社会主义制度的必然要求。为此，建议党和政府采取有效措施，加大对孤独症障碍者等弱势群体的保障力度。

1. 落实政府成年监护的主体责任

我国老龄人口众多，心智障碍者群体基数大，成年监护需求迫切，政府应进一步落实成年监护的主体责任，加强公共监护制度建设和成年监护事务管理。建议政府主责部门先行在有条件的地区启动成年监护试点，为构建孤独症障碍者在内的残疾人监护监督体系提供实践支撑。通过制定《民政部门监护服务工作指引》，形成具有可操作性的执行规范和标准，为全国基层民政部门依法做好成年监护工作提供指导和遵循。开展对居（村）委会人员的监护业务培训，推动《民法典》相关条款的落地实施。

2. 建立完善的成年监护监督制度

对成年心智障碍者监护事务的监督离不开公权力的介入。当前，成年监护监督的缺失已成为滞碍我国监护服务发展的一个瓶颈问题。为此，建议国家民政部会同中国残联等部门加紧构建具有中国特色的监护监督制度，确定监护监督的职能部门、工作职责及人员考核标准，对成年监护的执行及效果进行监管和评估，切实加强对养护机构服务品质、监护人资格及履职情况的监督，有效保障孤独症障碍者的合法权益。

### 3. 完善民事行为能力鉴定制度

在我国，民事行为能力鉴定制度的改革将是一个长期的过程，不可能一步到位。当下的民事行为能力鉴定制度改革应依据适用人群的需要，逐步区分监护事务的类型，细化限制民事行为能力鉴定结论，最大限度地保障孤独症障碍者的自主权利。同时，对限制和无民事行为能力人的鉴定应征询专业人士和相关组织的意见。

### 4. 培育扶持社会监护组织的发展

目前，我国社会监护组织极度匮乏，为顺应传统的"家庭监护"向现代的"社会监护"转化，建议政府相关部门大力扶持、培育社会监护组织的发展，加强对专业监护人和监督人的培养，促进监护服务的专业化、社会化发展，使监护成为一种以保护被监护人利益为中心的职业。为提升社会组织在监护领域的参与度，国家还应出台配套的监护能力审核规则、监护关系备案和外部监督规则，以确保适格的社会公益组织为孤独症障碍者提供有品质的监护服务。

## 二、对社会监护组织和家长组织的建议

### 1. 增强社会监护组织的专业化服务水平

社会监护组织是成年监护事业发展的重要体现，其专业化、社会化水平直接关系到被监护人的权益保障。为此，应在发挥监护组织自身优势的同时，不断加强专业队伍建设，通过购买政府服务等方式，逐步提高监护监督者的职业化水平。在积累成年孤独症监护个案的基础上，完善监护协议的文本、流程、服务指南、工作日志，形成备案

管理。不断增强组织的公信力和家长的信任度，助力成年孤独症障碍者过上他们想要的生活。

2. 将监护监督服务作为家长组织新的服务增长点

家长组织应进一步为广大孤独症家庭搭建信息交流平台，通过走访探望等多种方式普及成年监护的法律知识，帮助家长了解不同的监护类型，学会选择适合自己的服务。同时，可将成年监护服务作为家长组织新的服务增长点，努力整合各类监护资源，促进家长对成年监护和未来安置的参与和行动。发挥家长组织的独特优势，协助孤独症障碍者家长完善个性化的监护方案、做好签订监护协议等相关服务，履行监督职能，弥补政府公共服务之不足。

3. 畅通孤独症群体的利益表达机制

家长组织作为孤独症群体利益的代表者，需洞悉家长的需求，提出有代表性的问题，通过调查研究、提交两会提案议案以及利用主流媒体等多种举措，逐步畅通孤独症群体的利益表达机制。不断增强开发领导层的能力，以推动国家监护制度的完善与政府资源的配置。

## 三、对孤独症家长的行动建议

了解进行民事行为能力鉴定的利弊得失，决定是否需要确定监护人。为孤独症障碍者做民事行为能力鉴定是确定监护人和监护关系的前提，对于孤独症障碍者及其家庭来说，它是一把双刃剑，在保护被监护人利益的同时，也必定会限制被监护人的权利，还有可能给被监护人带来侵害。其保护作用在于防止家长在失能失智或去世后，子女被哄骗签署具有法律效力的文件，如遗产赠与协议、房屋买卖合同等，保障其权益；其不利的方面是一旦进行民事行为能力鉴定，被宣告为无民事行为能力人或限制民事行为能力人，其自我决定、自主生活的权利就会受到限制。

在现实生活中，因监护人的权利过大又缺乏法律规制，无视被监护人意愿、侵害被监护人权益的事件时有发生，作为被监护人的孤独症障碍者也很难为自己维权。为此，家长应仔细观察或通过专业评估，全面准确地了解孩子具备的能力和不足，在综合考量孩子本人意愿和支持性条件的基础上，做出是否让孩子做民事行为能力鉴定、是否需要选择监护人的决定，因为孤独症谱系障碍者的情况千差万别，不一定都需要监护人，也不一定一直需要监护人。

对大多数孤独症障碍者特别是中重度的孤独症障碍者而言，进行民事行为能力鉴定是他们的不二选择。为此，家长要在深入了解和尊重孩子本人意愿的基础上，审慎地选择监护人、监督人或是值得信赖的社会监护组织。同时，为了安全保险起见，可以确定两名顺位监护人，按顺序担任，也可以授予他们不同的代理和监护事项。

在与监护人沟通、协商的过程中，注意明确限定监护权的负面清单，除对常规事项的约定外，还要有对特殊事项的规划。例如，禁止监护权的再委托条款等，都要予以考虑，以保证监护协议是完整和适切的。

《民法典》规定了村、居委会等基层组织在监护中的法定责任，包括有权协调、指定监护人，在一些特定条件下可以担任监护人等。为此，家长有必要让所在社区居委会了解孩子的情况和民事行为能力鉴定结果。如果已经确定了监护人，也应让村、居委会知晓，尽可能为孩子做好全方位的保障。

加强对成年监护知识的学习和交流，把握成年监护的最新动态和信息。通过家长交流、专业咨询、个案讨论,不断提高自己对安置的认知与能力。根据自己的家庭情况,在专业人士的指导帮助下,逐步完善监护协议的构想和内容。

年迈体衰的孤独症障碍者家长,还可以视情况准备一份体现本人愿望的"意愿清单"[①]或是"生前预嘱"[②],包括对自己和孤独症子女未来的生活照护、医疗救治或后事安排等,以便使未来的监护人/照料者能够了解自己的真实意愿,有所遵循,提前为自己和孩子的未来做好安排。

此外,准备为子女进行民事行为能力鉴定和签署监护协议的家长,也应尽早规划,从目前各地签订监护协议的常规情况来看,至少需要一年的时间。首先是民事行为能力鉴定所需要的时间,各省市不同,一般需要经过3~6个月才能领取鉴定结果。接下来是监护协议的签订,根据北京等地签约的经验看,从开始到公证处咨询再到完成监护协议的办理,基本都是在半年以上。目前已经签订监护协议的家庭,他们还会一并做出财产安排的决定。为此,家长们应未雨绸缪,及早付诸行动。

---

① 意愿清单是指孤独症障碍者家长在自己意识清楚时,写下的对自己和孤独症子女未来安排的意愿,可包括对家庭财产的支配和使用、孩子未来居住与生活的标准、医疗救治等方面的意愿和安排,以便于未来的照顾者了解并有所遵循。同时,意愿清单也应尊重和体现孤独症障碍者本人的意愿。

② 生前预嘱是指人们事先,也就是在意识清楚时签署的,说明在不可治愈的伤病末期或临终时要或不要哪种医疗护理的指示文件。2011年6月,我国民间首个生前预嘱文本出现。2022年6月23日,深圳市第七届人大常委会第十次会议表决通过《深圳经济特区医疗条例》修订稿,其中第七十八条规定,医疗机构应当尊重患者生前预嘱的要求,收到患者或者近亲属提供的具备规定条件的生前预嘱后,在患者不可治愈的伤病末期或者临终时,医疗机构实施医疗救治措施应当尊重患者生前预嘱的意思。该《条例》将于2023年1月1日实施。由此,深圳市成为全国第一个实现生前预嘱立法的地区。

# 第三章 财产信托篇

在成年孤独症未来安置的整体规划中，如何能使家庭财产安全、持续地用到孩子身上，也是众多孤独症障碍者父母需要思考的重要议题。

在我国，家庭财产代际传承的传统形式主要有继承、赠与和赠予等，继承和赠与行为实质上是财产所有权的转移。在现代社会中，继承和赠与往往要按照我国相关的法律规定和法律程序来完成；而赠予只是一方的给予，不需要走法律程序。对于孤独症家庭而言，虽然孤独症子女享有平等的继承权，但由于其不具备管理和支配财产的能力，不能作为父母托付的选择。

为此，许多孤独症家庭尤其是中产之家开始谋求通过信托来解决家庭财富的传承问题。在一般人的概念里，信托就是一种金融工具，通过购买信托产品实现家庭财产的保值增值，但对于孤独症家庭这一特定群体而言，信托则被赋予了托付"身后事"的意义，父母希望通过信托确保家庭财产安全，待自己去世后，用这笔钱保障孩子的未来生活。

本次调研发现，如何把自己一生苦心积攒的钱用于孤独症孩子的未来生活，始终是萦绕在其父母心头、令他们感到不安和困惑的问题，并由此成为他们学习和探索的重要领域。

## 第一节 信托的基本概念与种类

### 一、信托的概念及构成要素

根据我国 2001 年颁布的《中华人民共和国信托法》（以下简称《信托法》），信托是指"委托人将其财产权委托给他信任的受托人，由受托人按照委托人的意愿，以自己的名义为受益人的利益，进行管理和处分的行为"。

由此可见，信托是一种基于信任的委托，信任是委托行为的核心和前提；财产是构成信托的基本要素，没有财产就谈不上信托。从本质上讲，信托是一种具有法律效力的财务安排制度。

成立信托至少涉及三方当事人，即委托人、受托人和受益人。根据我国的相关规定，委托人须是具有完全民事行为能力的自然人、法人或依法成立的其他组织；受托人通常是指接受委托人委托、管理和运用信托财产的人；受益人是指在信托中享有受益权的自然人、法人或依法成立的其他组织。

具体到孤独症家庭而言，委托人主要是掌管家庭财产的父母，受托人多为有资质从事资金信托业务的信托公司，受益人一般是孤独症子女，也有的委托人因其孤独症子女没有独立管理资产的能力，而将其他可以信任的人或组织作为受益人。

### 二、财产信托的种类

财产信托的种类很多，可以有多种分类方法，如按照信托行为性质分类，可以分为民事信托和商事信托；按照委托人数量分类，可以分为集合信托和单一信托；另外还有公益信托、慈善信托，等等。本研究重点探讨与孤独症家庭密切相关的信托类型。

### 1. 从受益人的角度分类

从受益人的角度进行分类，主要可以分为自益信托、他益信托、部分自益和部分他益信托三类。其中，自益信托就是委托人使自己获益的信托，如老年人在没有失能失智前为将来自己可能丧失行为能力而设立的信托。他益信托是委托人为他人的利益而设立的信托，如父母以自己的财产为孤独症子女的利益而设立的生前信托或遗嘱信托。部分自益和部分他益信托则是指受益人既包括委托人自己也包括其子女或他人受益的信托。

### 2. 孤独症家庭适用的信托类别

我国信托业的发展时间不长，以满足孤独症障碍者未来生活所需为目的的信托属于民事信托[①]的范畴，它可以是家族信托、保险金信托、遗嘱信托、心智障碍者特殊需要信托、慈善信托等，父母可以根据家庭的具体情况选择不同种类的信托。

## 第二节 信托的类别及特点比较

### 一、家族信托

#### 1. 家族信托的基本概念

家族信托也称家庭财富传承，是信托机构受个人或家族的委托，代为管理、处置家庭财产的一种财产管理方式，目的是实现高净值客户的财富规划与传承。

---

① 民事信托是指信托事项所涉及的法律依据在民事法律范围之内的信托，例如，涉及个人财产管理、遗产的继承和管理、抵押、变卖等事项的信托均为民事信托。

家族信托资产的所有权与收益权相分离，财富的所有者一旦把资产委托给信托公司，该资产的所有权就不再归他本人所有，但相应的收益依然会根据他的意愿收取和分配。如果委托人离婚分家产、意外死亡或被人追债，这笔信托资金都将独立存在，不受影响，也就是实现了财产风险的隔离。家族信托是专门为高净值客户私人定制的产品，可以更好地帮助高净值人群规划"财富传承"，以成就家族财富的基业长青。

2. 优势比较

相对于传统的法定继承和遗嘱继承，家族信托具有资产债务隔离、投资增值、税务筹划、私密性、个性化和灵活分配的优势，最终能够使家族成员受益。它可以通过信托方案的制订，进行整体的资产配置，合理规避和防范子女挥霍、离婚所带来的财产损失及债务风险，可以按照委托人的意愿支持家人的生存与发展，并合理降低税费。

3. 局限

家族信托的主要局限是起点门槛高，按照监管要求，最低的家族信托起点是现金类资产1000万元起，一些国有银行系统的家族信托是3000万元起，且这些资产并不包括房产等不动产和珠宝文物等。本项目调研访谈过的中航信托、平安信托、光大信托、万向信托、中诚信托、长安信托等均开展此类业务。考虑到孤独症家庭中高净值客户较少，不做详细介绍。

## 二、保险金信托

1. 保险金信托的基本概念

保险金信托不是一款理财产品，而是一项将保险与信托事务管理相结合的跨领域的信托服务。它以保险金的理赔或给付为信托财产，由保险投保人和信托机构签订保险金信托合同书，当被保险人身故发生理赔或是满期保险金给付时，由保险公司将保险金交付给受托人（信托机构），由受托人依照信托合同的约定管理和运用，并按照信托合同约定的方式，将信托财产分配给受益人。在信托终止或到期时，交付剩余资产给信托受益人，以实现对委托人意志的延续和履行。

保险金信托有两种形式，即年金型保险和终身寿险。两种形式都可以趸交或分次交付。

值得指出的是，在一些保险金信托合同条款中，明确规定限制民事行为能力人和无民事行为能力人不能作为保险投保人购买保险金信托。具体到孤独症家庭而言，家长可以作为被保险人（保险投保人）设立保险金信托，在保险受益人方面，可以是孤独症子女，也可以选择值得信赖的亲友或组织作为受益人，以解决孤独症子女无法自行管理信托财产的问题。

2. 比较优势

保险金信托作为信托产品的一种，具备家族信托所具有的按照委托人的意愿支配身后的费用、保障后代的生存发展等功能。

（1）保险金信托相对于家族信托的主要优势

①具有财富放大功能，能够通过杠杆撬动收益，实现以小博大。终身寿险的保险金信托具有很强的杠杆效应，可以通过缴纳较低的保费获得较高的保险金额，从而实现风险转移，成为财富管理中风险管理的重要工具。以一位30周岁的男性客户为例，他选择购买一份20年缴的终身寿险对接信托，他首年保费只需要10多万元即可享受600万元的身故保障。假如此客户第二年身故，那么就会有600万元的身故理赔金转入信托账户。这当中就有近60倍的财富放大的杠杆。而家

族信托是没有财富放大功能的，家族信托的财富增值主要依靠信托公司资产管理来实现。

②具有收益锁定功能，即利率、额度都是确定不变的。以国内常见的人寿保险为例，目前预定利率一般为3%～4%，合同一旦签订，收益锁定直至被保险人终身。按照《保险法》的规定，即使是保险公司破产或发生变故，收益都是不会变化的。

③资金门槛比较低，受众面比家族信托更广。终身寿险的保险金信托一般是按总保额而不是保费来设置入围门槛，由于保费与保额之间存在杠杆，所以只要保额能够达到家族信托的门槛就可以设立，这就变相降低了家族信托的门槛。目前，有些保险金信托缴纳50万或100万元保费即可设立，一些中产之家也能承受。

④从缴费方式上来看，首期启动资金少。家族信托和保险金信托都是可以分期缴费的，但保险金信托首期启动资金相比家族信托要少很多。以本次调研的平安信托公司为例，保险金信托可以从100万元起，并可以是趸交或分批次存入。中诚信托为孤独症家庭量身定制的"关爱星星"保险金信托则可以降低到50万元起。

⑤同样具有资产债务隔离功能。保险金信托和家族信托一样也能够以法律的方式隔离风险，让保险理赔金更独立，实现所谓的"离婚不分""欠债不还"。

（2）保险金信托相对于单纯购买保险的主要优势

①可以突破保险受益人的限制。购买保险必须要有明确的受益人，但保险金信托的受益人除了可以是明确的个人之外，还可以是公益组织、社会团体等，这一点对于子女无法掌控财产的孤独症家庭来说就多了一种选择。

②受益金给付更为灵活。单纯的保险产品，保险受益金给付的灵

活度不高，通常是把受益金一笔打入受益人账号里，无法实现人财分离；而保险金信托则可以灵活安排受益金的给付，如用于孤独症子女的托养照料、医疗等。

3. 局限

（1）对投保人/被保险人的年龄和健康状况有一定的要求

近几年，一些保险信托公司将投保人的年龄由 60 岁延长到 70 岁甚至 75 岁，但年龄越大，杠杆效益越低，收益就越低。同时，也会有一些中老年客户因健康状况不能购买终身寿险，这也提示有条件的孤独症家庭可以在家长年轻时购买保险金信托，以便获得更大的杠杆收益。

（2）孤独症家庭的担忧

对孤独症家庭而言，终身寿险型保险金信托的局限是，只有当投保人/被保险人身故后才能执行理赔，虽然理赔金会按照合同约定转入信托公司，但仍会有一些家长担心自己离世后，资金不能有效地保障孩子的未来生活。

此外，由于终身寿险的保险金信托是在被保险人离世后才执行，生前签订的只是合同，信托业务并没有实际执行。为此，被保险人可在生前根据受益人的情况或国家金融政策的变化，更改或者是终止合同，但终止合同一般会损失一定的设立费，设立费的多少根据合同金额的大小有所不同，一般是总额的 1.5%。

## 三、遗嘱信托

2021 年 1 月 1 日生效的《民法典》第一千一百三十三条规定"自然人可以依法设立遗嘱信托""并可以指定遗嘱执行人"。

1. 遗嘱信托的基本概念

遗嘱信托（Probate Trust）是指遗嘱人以立遗嘱的方式设立信托处分身后遗产的制度。具体而言，就是遗嘱人预先以立遗嘱的方式，将对财产的规划内容，包括交付信托后遗产的管理、分配、运用、给付等，详细订立于遗嘱之中。待到遗嘱生效时，再将信托财产转移给受托人，由受托人依据遗嘱交办的事项，管理处分信托财产。与金钱、不动产或有价证券等个人信托业务比较，遗嘱信托最大的不同点在于，遗嘱信托是在遗嘱人死亡后契约才生效。

设立遗嘱信托一般是为了避免家族内部争夺财产，还有就是对遗产的管理配置有专业方面的需求。遗嘱信托文件不同于一般的遗嘱，需要包括三方面的当事人，即委托人（被继承人）、受托人（遗嘱执行人）和受益人（继承人）。委托人必须指定受托人，而受益人可以是法定继承人中的一人或者数人，委托人也可以立遗嘱将遗产受益人指定为法定继承人以外的人。公证后的遗嘱在效力上高于其他方式的遗嘱。

2. 优势

遗嘱信托是继承制度与信托制度的结合，具有财产管理、执行遗嘱、遗产保值增值、减少遗产纠纷等功能。具体而言包括以下几点。

（1）遗嘱信托具有法律约束力，可使遗产和继承人更有保障

通过订立遗嘱信托，可以延伸委托人的个人意志，妥善规划财产。由于它结合了信托的规划方式，可使遗产和继承人更有保障。在继承人不能自理遗产时，可委托信托机构代管，也可以通过遗嘱执行人的理财能力弥补继承人无力理财的缺陷。

（2）有利于减少财产纠纷，保护家庭中的弱者

遗嘱信托受托人只是依照委托人的意志进行财产管理，而不受继承人或者其他利害关系人的干涉，可以有效减少因遗产产生的家庭纷争，避免遗产被不当侵害，使辛苦打拼的财富泽被后代。

（3）没有门槛费用，不动产可以作为信托财产

遗嘱信托没有门槛要求，还可以将不动产如房产等作为信托财产。

（4）完善的财产保护机制

我国《信托法》规定，信托财产独立于委托人、受托人和受益人的财产，不能被强制执行。这种独立性有利于对遗产的保护。这一优势对于遗嘱信托而言，必须是立遗嘱人死亡，财产债务经清偿后确认的信托资产才能受到保护。

（5）有效降低遗产税

如果开征遗产税，一旦发生继承，就会产生一笔遗产税，但如果设定了遗嘱信托，由于信托财产的独立性，可以合法规避该项税款。只是在受益人获得信托收益时，需要缴纳一定的所得税。

（6）遗嘱信托可以自由"撤销"

在立遗嘱人生存期间，可以根据自己的意愿和情况的变化修订甚至废除该遗嘱信托。

（7）遗嘱信托对受托人的选任没有限制

遗嘱信托的受托人如果是信托公司，属于营业遗嘱信托；如果受托人是委托人的亲属或者法定继承人等自然人主体，则属于民事遗嘱信托。从法律角度而言，遗嘱信托本质上属于民事信托，它有别于以获利为主的商业类、财富类信托。对于孤独症家庭而言，遗嘱信托更有利于让孤独症子女得到照顾与安排，使其成为最大的受益人。

总之，与遗嘱继承、遗赠①、生前信托等制度相比，遗嘱信托能更好地保护继承法上的弱者。虽然《民法典》第一千一百四十一条明确规定了"对缺乏劳动能力又没有生活来源的继承人保留必要的遗产份额"，但仅仅依据该法条仍无法实现遗嘱人对继承法上弱者的财富安排和有效保障，而遗嘱信托则可以按照遗嘱人的意愿完成现行继承制度下无法实现的特殊愿望，并可以解决遗嘱继承人在继承遗产以后死亡，遗产由谁继承的问题。为此，有学者认为，遗嘱信托有可能是最能抚慰心智障碍者家人的一种法律信托了。②

3. 风险

（1）遗嘱的效力认定容易引起争议

现实生活中，常常有遗嘱被篡改或被刻意销毁的案例，孤独症障碍者的父母更要引以为戒，最稳妥的办法是先对遗嘱进行公证。

（2）遗嘱信托的保密问题

孤独症障碍者的家长还应该考虑遗嘱信托的保密问题，以往的经验是不在家族内部公开遗嘱信托内容，以避免导致家族内部发生矛盾。同时我国的相关法律尚未明确遗嘱执行人的法律地位，这也是影响遗嘱信托最终生效的一个风险。

（3）受托资产存在不确定性

立遗嘱人死亡时，受托人必须先将其遗产清偿给立遗嘱人的债权人，这样最终成为信托的财产就有可能减少或者完全不存在。因此，从立遗嘱人订立遗嘱信托直至其死亡、在受托人真正进行受托管理之前，立遗嘱人的信托财产不具有债务和破产隔离的功能。由于人和世

---

① 遗赠是遗嘱人用遗嘱的方式，将个人财产的一部分或是全部于死后赠给国家、集体或法定继承人以外的人的一种法律制度，是遗嘱设立者以遗嘱处分其遗产的一种方式。

② 引自赵云 2021 年 5 月在《星保行动 | 心智障碍者家庭金融通识教育》课程上的内容。

事的变化，遗嘱信托受托的资产范围和最终能否生效具有很大的不确定性。

（4）缺乏对受托人的有效监督

民事遗嘱信托中受托人的诚信品质难以认定，且无有效的监督制约。在民事遗嘱信托中，以亲属或者法定继承人之一作为受托人的较为常见，而自然人最大的特点就是"有限生命、无限责任"。即使是值得信任的人也会生老病死，如何长久地实现立遗嘱人的遗愿是受托人面临的一个难题，因此，对于民事遗嘱信托来说，受托人的选任就极为重要。尽管遗嘱信托以信托的形式保证了受益人的利益，但对于高净值客群来说，仍然存在"用财富考验人性"的风险。

（5）设立遗嘱信托的程序繁琐复杂

设立遗嘱信托的程序包括：签订个人遗嘱、确立遗嘱信托、通知有关债权人和利害关系人；受托人要与遗嘱法庭一起完成对遗产的清理、核定；安排预算计划（因信托机构在受托管理遗产和执行遗嘱的过程中，会产生一系列费用，为此，信托机构会拟订一个预算计划）；结清税捐款项，信托机构要付清与遗产有关的税款，确定投资政策，如果遗嘱中涉及对财产进行再投资的条款，受托人还应制订适当的投资计划；编制会计账目，进行财产的分配。遗嘱信托中需明确信托财产管理与运用的方式（例如，每月给付受益人多少资金）以及信托终止后信托资产如何处理的方式。

遗嘱信托中最好指定"信托监察人"，以便监督受托人在管理、运用信托财产时有没有违反信托合同。

从以上列举的程序中可以看出，遗嘱信托虽然未设立门槛，但其所需支付的费用并不一定少，特别是在选任信托机构而非亲属作为遗嘱执行人/遗产管理人时更是如此，这一点孤独症家庭也是需要认真考量的。

（6）遗嘱人死亡后生效

遗嘱信托契约在遗嘱人（委托人）死亡后才生效。

### 4. 孤独症家庭如何利用遗嘱信托

设立遗嘱信托纵然有不少法律风险，但现实世界里没有完美的工具。2021年《民法典》遗嘱信托制度正式实施，为家庭财富的传承提供了一种新的方式。对于有经济实力的孤独症家庭，家长可在生前提前做好现金类资产的传承安排，对于无法装入信托的不动产、股权等财产，可以通过设立遗嘱信托的形式，由遗嘱执行人在身后进行资产处置，变现后置入信托。如前所述，遗嘱信托制度只是为孤独症家庭的财富传承提供了一个更为多元化的选择，理想的财富传承规划则需要专业人士综合运用相关的法律制度进行安排。

## 四、特殊需要信托

### 1. 特殊需要信托的基本涵义

特殊需要信托（Special Needs Trust），亦称补充需要信托（Supplemental Needs Trust），意在为身心障碍者的照顾护理、残疾设施等生活品质的改善提供信托资金扶持，同时保留社会福利资格，强调"补充"而非"替代"社会救助。简单地说，特殊需要信托就是对身心障碍者提供特别信托扶持，而又不致使其丧失国家补助的资格。该补助包括医疗补助或其他政府救济。目的是解决特殊需要家庭的需求，使身心障碍者能够在获得国家相关补助的基础上，享受到更好的生活、住宿和医疗条件等。

特殊需要信托起源于20世纪80年代的美国，并在许多国家经历了本土化的过程。从国外信托财产的来源看，特殊需要信托既可用身心障碍者的自有财产设立（包括他们自己的工作所得、政府发放的各种残疾人补贴以及他们的自有资产等），也可用第三方财产设立，第三方财产指其父母、祖父母或其他亲友的财产。

从信托设立人和信托利益归属来看，身心障碍子女既可以用自有财产成为自益型信托财产的受益人，父母也可以通过生前订立的遗嘱信托，将子女作为受益人，成立他益型信托，使子女同时成为自益信托和他益信托的受益人。当受益人（身心障碍子女）去世后，剩余的信托财产将会按比例偿还给政府或捐赠给慈善信托。

2. 特点与优势

特殊需要信托作为一种财产制度和服务信托，目前已经成为欧美和亚洲一些国家及港台地区解决身心障碍者特殊需求的重要手段，形成了相对完善、系统的产品和服务，并在对接特殊人群的服务、链接医疗和社会保障等公共福利体系方面积累了丰富的经验。

特殊需要信托的优势是可以避免父母一旦将财产直接留给身心障碍子女，就会导致其丧失救济资格，不能再享受国家的福利政策，致使生活质量下降，同时还可以解决如果财产不留给子女也会违背父母心愿的问题。[①]

在国外，特殊需要信托制度能够为残疾人和老年人提供经济、生活、精神多方面的保障，作为一种制度创新，具有监护与信托的综合服务功能，相对于传统的成年监护制度能够更加全面地满足失能失智者提高生活质量的需要，符合老年群体和残疾群体福利需求不断增长的趋势。

---

① 金锦萍：《特殊需要信托的引入与我国社会保障制度的完善》，2021年10月13日在"托付与生活"论坛上的主题演讲。

### 3. 现实局限

比起其他类型的信托产品，特殊需要信托更符合孤独症障碍者群体的利益和需求。但就我国的现实情况而言，要实现这一意义上的特殊需要信托还需要国家在法律制度层面上有所突破，需要与国家社会福利保障政策相衔接，同时，还需要有政府的介入和对信托的监管。为此，我国的身心障碍者群体及其利益相关者尚需进一步倡导和推动，使特殊需要信托尽早在我国落地实施，助力残疾人群体生活品质的提升。

在实践层面，笔者认为近两年一些孤独症障碍者家庭与信托公司签订的身心障碍者服务信托合同可以视作国内为实现特殊需要信托制度进行的本土化实践，是特殊需要信托在现阶段我国制度保障和服务提供尚不充分条件下的一种初级表现形式，也是向具有中国特色的特殊需要信托迈出的重要一步。

## 五、现阶段我国的特殊需要信托

现阶段国内的特殊需要信托也被称为特殊关爱信托、身心障碍者服务信托等，是以满足和服务特殊需要人群需求为信托目的的一种独特的信托安排，是我国探索信托制度创新的结果，具有特定性、长期性和复杂性的综合特征。作为服务型信托的一种特别表现形式，其意义在于通过服务来解决身心障碍者群体需求的痛点和难点。从我国现实情况来看，特殊需要人群的基数庞大，且他们需要长期的护理与照顾，单纯依靠财政补贴和社会公益救助的方式难以长效解决供需不平衡的问题，而特殊需要服务信托为此提供了解决之道。

对于孤独症障碍者这一特定群体而言，这一信托关系中的委托人是掌管家庭财产的家长，受益人是孤独症障碍者或是其他个人或组织，受托人主要是信托公司。其核心需求就是让家庭资产转化为对孤独症障碍者的支持性服务，保证其享有一定的生活品质。

1. 特点与优势

（1）资金门槛较低

目前的特殊需要信托仅限于现金资产，调研中发现，依据信托公司的不同，门槛费高低不等，200万、50万、30万、5万不等，有些还可以分期交付。相比一些商业投资性信托门槛较低，但需要追加资金，以保障孤独症障碍者日后生活和服务所需。

（2）具有财产隔离保护功能

家长一旦与信托公司签订信托合同，财产就转移到信托公司名下，由信托公司运营，实现了家庭财产隔离，以保证资金的独立性与安全性。信托财产转移到信托公司名下后，受托人须依照双方拟定的信托合同，遵照委托人的意愿为受益人管理、运用或处分该笔信托财产，如每月支付孤独症子女在养护中心的费用、每年支付其国内旅游的费用等，直到信托关系结束为止。即使是信托公司宣告破产，信托资金也有安全保障，只是需要办理一系列相关手续，这对于孤独症障碍者而言是一个挑战，为此，其父母也可以将自己信任的人或组织作为受益人。

（3）可起到权力制衡作用

信托公司负责管理资产但没有使用权，监护人有使用决定权但不接触资金，专业服务商（如托养机构）提供服务但没有资金的所有权。

（4）可以引入监督机制

可以在信托架构中引入政府部门或公益组织对信托公司、第三方平台及专业服务商进行监督，使孤独症家长回归正常生活。

（5）能够对接慈善信托

受益人离去后剩余的信托资金，可以与慈善信托对接，用于为其他心智障碍者家庭提供支持。

（6）具有较大适用空间，有助于未来安置问题的解决[①]

我国有2000多万心智障碍者，特殊需要信托综合这一特定人群的长期照护需求，适用对象较为广泛，有助于孤独症和身心障碍者家庭做好财产与人身规划。

2. 风险与局限

（1）是尚在发展中的信托类型

现阶段的特殊需要信托相较于其他类型的信托，其服务并不成熟，作为一个新生事物，还需要在借鉴国际经验的基础上，结合本国的实际情况不断加以完善。

（2）缺乏公权力的介入监督

目前对这一服务信托尚缺乏政府的背书和相关部门的监督。

（3）尚不能实现个性化的服务

由于信托费用门槛较低，一些信托合同还不能完全实现私人订制。同时，由于这一信托类型尚处在刚刚起步的探索阶段，除财产信托以外，对孤独症障碍者配套的监护服务和生活照料支持也还有待于逐步建立与完善，因此，它还不是一个能够满足个性化需求的信托服务。

实际上，孤独症家庭所期望的服务类信托，可以说是家庭在国家对残疾人群体的基础保障之上的一种附加财务安排，它能够保障子女在父母去世后不因没有特定的、持续的服务供给，导致生活品质发生大幅下降或是完全依靠国家供养，使父母在面临如何确保资产的保值增值、给子女留够钱的问题上多了一种选择，为子女的照料安养提供

---

[①] 胡维兰，《大龄心智障碍孩子的品质生活与家庭财产传承》，2021年7月3日在融爱融乐直播间的主题演讲；杨欢，《意定监护和信托对养老和托付的支持》，2022年11月7日在2022年融合中国项目年会就业及信托分论坛上的演讲。

长远和较高水平的保障。

相信伴随我国社会保障水平和人民生活品质的逐步提高，特殊需要信托会受到越来越多孤独症和身心障碍者家庭的关注。

## 第三节 域外和中国香港的特殊需要信托

近年来，全球民事信托发展迅速，特别是针对残疾人的特殊需要信托推出后，受到使用者的青睐，使众多的残疾人家庭受益。

### 一、美国的特殊需要信托

美国是特殊需要信托的发源地，美国的特殊需要信托也被译作"适格残疾人信托"。1989年，在美国设立了密苏里州家庭信托，1993年设立了特殊需要集合信托。美国的特殊需要信托既依托于社会救助制度，又可以为社会救助制度提供有力的保障。当残疾人及家人将资产所有权转移至特殊需要信托后，该资金将全部为残疾人的利益而使用，不会被纳入受益人的收入，也不会影响他们获得公共福利的资格，其结果是使残疾受益人在继续享有满足基本需要的公共福利的同时，也能从其家庭获得较高生活质量的资源，如政府福利之外的交通出行、度假、医疗等。

以在美国享有良好声誉的中西部特殊需要信托（MSNT）为例，其开设信托的最低金额为1000美元，只要余额不低于500美元，MSNT就会一直管理信托。信托管理费用主要包括注册费、资产价值费和唯一受托人费。MSNT开设有第一方信托和第三方信托两类信托。第一方信托的资金，来源于残疾人自身的储蓄金等。这类信托不可撤销，在受益人死亡后，信托资产中25%的余额必须捐赠给MSNT慈善信托，并须抵偿医疗补助的开销。第三方信托的资金来源于残疾人的父母亲友，这类信托在委托人生前是可以撤销的，在受益人死亡后，也无须抵偿医疗补助开销，在支付了25%的慈善信托资金捐款后，信托中的全部余额将在信托协议指定的剩余财产受益人中进行分配。这两类信托都不是灵活的、个性化的。

对于所有的MSNT信托而言，MSNT担任的都是受托人的角色。信托设立人也可以指定共同受托人，共同受托人可以是法定监护人、亲友或是专业人士。

在美国，监护制度、财产保管制度与公职遗产管理人制度因州而异，一般情况下，对丧失行为能力的残疾人启用监护制度和财产保管制度，由监护人负责对他们在行使个人权利方面做出决策。在MSNT目前管理的1254项信托中有484项由公职遗产管理人担任共同受托人。该信托账户在过去13年间平均增长率为9%[①]。

MSNT的信托专家都是经过认证的福利专家，他们非常了解受益人的福利计划、医疗补助、医疗保险情况。MSNT的董事会成员全部都是残疾人的亲属，他们分别在遗嘱、信托、精神疾病和法务领域具有丰富的经验，能够设身处地为受益人做出决定。

在美国，特殊需要信托制度在监护领域也发挥了独特的作用，常常被用来代替监护制度，在残疾人的遗产管理、生活照顾和保留福利资格方面发挥作用，它尤其适合于行为能力丧失、不能处理自己的事务和极不愿意设立监护的人。总之，美国的特殊需要信托在对心智障碍者、老年人的监护中发挥了积极的社会作用。

当前，世界许多国家采用不同的信托模式来保障特殊群体的利益，

---

① 达娜·凯瑟琳·伯克斯. 我的身后事当如何？[M]// 何锦璇，李颖芝. 特殊需要信托：财务规划比较研究. 北京：法律出版社，2021：220, 237.

如日本的特别障害者扶养信托、英国的保护信托和韩国的发展障碍信托等，它们与美国的特殊需要信托相比具有不同的优势，都值得我们研究与借鉴。

## 二、新加坡的特殊需要信托

2008年，新加坡政府在社会和家庭发展部下面成立了特殊需要信托公司，由一家具有慈善和公益机构资质的信托公司充当集合资产[①]的受托人。新加坡政府还保证了资金的本金，以减少委托人对投资风险的担心。

在新加坡，加入特殊需要信托的流程是：委托人首先需要注入5000新加坡元（约合2.6万元人民币），为受益人建立信托账户，还要拟定一份遗嘱，同意在自己丧失能力时或去世后由受托人（信托公司）启动该信托，并按照预先确定的信托合同条款、预算和护理计划将资金拨付给护理照料者。因为是集合信托，为每位受益人指定的金额是分开的。特殊需要信托公司收取的费用很低，90%的服务费来自国家补贴，这些费用包括：信托账户的设立费、账户的激活启动费以及信托启动后每年收取的管理费用。至于信托启动前每年收取的费用，则由政府的社会和家庭发展部全数资助，从而大大减轻了家庭购买支付特殊需要信托的负担。[②③]

在新加坡，特殊需要信托受托人（信托公司）提供的服务会贯穿受益人终身。受益人的金融资产由专业受托人来管理，能够减少护理照料者的负担和财务滥用的风险。同时，受益人（如孤独症障碍者）

---

① 集合资产是指汇聚了多个委托人的共同资金。
② 周玲. 中国心智障碍者保障状况蓝皮书[M]. 北京：中国社会出版社，2020：236.
③ 百行宜众，《走进新加坡的特殊需要信托制度》，详见"汇安心"公众号（2019年10月19日）。

的亲属可以参加涉及有关照料的决策过程。

这样做的优势是能够将信托管理费用降到最低,因为受托人是非营利组织,仅收取基本费用来支付必要成本。费用低的另一个原因就是信托计划简单,具有标准化性质,不是为个人量身打造。

新加坡还为特殊需要人士订立了"特殊需要储蓄计划",该计划是由社会和家庭发展部与中央公积金局合作制定的,它允许父母划拨中央公积金储蓄,用于长期照顾孤独症子女,而在父母去世后,其子女能够每月从父母的中央公积金储蓄账户中领取资金,获得固定的收入来源。

该计划为那些以退休金作为主要资产的父母提供了适度的储蓄。对于孤独症子女来说,能够持续获得一笔固定的生活费用比一次性获得所有的中央公积金更好。这一计划的益处还在于中央公积金利息比公共受托人(金融机构)的利息要高。从政府的角度看,为残疾人家庭提供安全、稳定、持续的资金,有助于减轻在社会福利供给方面的负担。

截至2017年3月31日,新加坡已创建了460个特殊需要信托有限公司信托账户,同期已有381名父母申请了特殊需要储蓄计划。[①]与我国的心智障碍者服务信托一样,新加坡特殊需要信托仅接受资金,不接受股份和房产等。

## 三、中国香港的特殊需要信托

2017年10月,中国香港特区行政长官林郑月娥在《施政报告》中宣布,"政府已决定牵头成立特殊需要信托,由社会福利署署长担任受托人,以提供既可信赖又可负担的信托服务",协助智力障碍者、孤独症障碍者等有特殊需要人士的家长,在他们离世后,管理他们遗留下

---

① 陈汉吾. 新加坡特殊需要人士的财务规划机制[M]// 何锦璇, 李颖芝. 特殊需要信托:财务规划比较研究. 北京:法律出版社, 2021:188-208.

来的财产，并按照他们生前意愿定期向其子女的照顾者或托养机构发放费用，以确保他们的财产用于子女长远生计的需要。2018年12月，特殊需要信托办事处在香港正式成立，并于2019年3月开始接受公众申请。

香港特区以政府的强大公信力为依托，充分考虑大多数特殊需要家庭的经济情况和私人信托的收费高昂等问题，采取了类似集合信托的方式为特殊需要人士服务，即由香港特区社会福利署署长担任受托人，政府为受托机构提供运营补助，受托机构负责管理信托账户，定期检视照顾计划的执行。其运作逻辑采用了"生前信托 + 遗嘱"的法律架构。

在这一框架下，香港的特殊需要信托是在委托人在世时订立遗嘱，与受托人签订信托契约，并附上意向书和子女的照顾计划，然后注入资金（首次注入），设立信托账户。香港信托财产的最低门槛费为22.5万港元[①]。待委托人离世之后，遗嘱执行人变卖委托人的资产，将资产转移到"特殊需要信托"的账户上（再次注资），信托正式生效运营。受托人按照信托契约、意向书及照顾计划，向护理人员或养护机构发放款项，用于照料受益人。一旦信托账户资金耗尽，社会福利署就会根据受益人的需要来提供其他合法的社会福利，由此形成特殊需要信托和社会福利之间的无缝衔接。

从法律层面上讲，在这种生前信托（委托人、受托人、受益人、服务方、监察人）+ 遗嘱（遗嘱执行人）的架构下，受托人把家长的资金汇总后，投资的盈亏都会按比例分别存入不同的信托账户。家长在设立特殊需要信托时，因政府作为受托人，有全流程的资金监管，

---

① 何锦璇，李颖芝. 特殊需要信托：财务规划比较研究 [M]. 北京：法律出版社，2021：321-330.

安全系数高，其照顾子女一生的目标是可以期待的。①

在香港，信托账户是可以接受捐赠的，但是每笔注入的资产必须不少于10万元。捐款人须签署确认书，确认不可因捐款而更改受益人的照顾计划。

香港的特殊需要信托与新加坡不同的是，新加坡的受托人由公司担任，而香港地区由政府社会福利署署长担任。署长这一职位具有长期的法律地位，是一个可持续的安排，这在世界上同类信托产品中是首例。署长担任受托人的另一个好处是公信力强，但香港政府的人力财力有限，目前香港的智力障碍者约有10万人，随着预期寿命不断延长，要建立安全、负担得起的机制来管理供给他们使用的金融资产也是一项紧迫的任务。

## 第四节　我国内地特殊需要信托的进展

我国内地有关心智障碍者家庭财产的传承与托付涉及民法、信托法、保险法和公证法等多部法律和多种解决方式，本研究重点探讨的是当前孤独症障碍者家庭所关注的特殊需要信托②。

## 一、国家政策层面

首先，从国家政策层面看，最早涉及心智障碍者信托的文件是2010年国务院办公厅转发中国残联等部门和单位《关于加快推进残疾人社会保障体系和服务体系建设指导意见的通知》，该通知第一次提出"对无民事行为能力或者限制民事行为能力的残疾人实行财产

---

② 周玲.中国心智障碍者保障状况蓝皮书[M].北京：中国社会出版社，2020：238.

① 本章节讨论的特殊需要信托与国际上特殊需要信托的概念与意涵不同，它包括国内的特殊关爱信托、心智障碍者服务信托、监护支援信托和国内学术界论及的心智障碍者保护信托、心智障碍者监护信托、残疾人保障信托。

信托等保护措施"。最近的相关政策体现在国务院 2021 年 7 月发布的《"十四五"残疾人保障和发展规划》中，规划明确提出"鼓励商业保险机构开发残疾人商业保险产品、财产信托等服务"。表明了政府对残疾人保险和财产信托服务的态度是鼓励商业保险机构来开发，坚持政府兜底、保基本的职能定位。

2022 年 4 月，中国银保监会为促进信托业务的分类改革，下发了《关于调整信托业务分类有关事项的通知（征求意见稿）》，将特殊需要信托明确列入征求意见稿中，并将财富管理受托服务信托分为五类，包括了家族信托、保险金信托、遗嘱信托、特殊需要信托和其他财富管理信托。

从地方政府的政策发展上看，具有标志性意义的是 2020 年 9 月，深圳市残联、深圳市地方金融管理局联合发布了我国首个《关于促进身心障碍者信托发展的指导意见》，该意见明确了身心障碍者信托的公益信托性质，对身心障碍者信托关系的建立、设立信托的基本流程、监督管理等进行了规定。意见中还明确了身心障碍者信托的委托人、受托人、受益人、监察人和第三方中介组织、专业服务机构等当事人的关系，以及各类主体的责任义务，这对创新服务型金融模式，延伸信托服务的链条，解决身心障碍者个性化、专业化服务供给难题，在全社会形成"弱有众扶"的民生发展机制具有促进作用。同时也有利于通过身心障碍者信托整合公益力量，促进市场主体间供给与服务需求的有效对接，进而增强社会服务效能，形成多元参与的信托治理体系。该文件的出台，也是深圳市相关政府部门、残联组织、专家学者和家长组织共同推动的结果。2021 年 8 月 10 日，上海市人民政府在《上海市残疾人事业发展"十四五"规划》中提出："对弱监护、无监护等缺乏完全民事行为能力的残疾人，探索建立财产信托制度。"表明了上海市政府对这一弱势群体特殊需求的关注。

## 二、相关研究的进展

社会政策的变革需要以研究为基础，以理论为先导。目前，我国学术界对孤独症障碍者家庭财产信托的研究暂付阙如，但有关心智障碍者和残疾人保障信托制度的研究已取得一些成果。

2010年至2012年间，中国社会科学院社会学所课题组对"心智障碍者长期照料与家庭财产（保险）等服务需求状况"进行了调研，结果显示，"无论经济拮据还是相对富裕的家庭都有对财产安排不安心的恐惧"，希望"政府对服务素质和信托理财进行监督，形成一个供需与监督三方钳制的服务系统"。[①]

2016年，北京特华财经研究所完成了课题《关于建立我国残疾人保障信托制度的研究》，提出了尽快建立我国残疾人保障信托制度，利用不同信托类型向残疾人及亲属提供服务，建立残疾人保障信托公共受托人制度，明确残疾人保障信托的税赋特别规则，完善残疾人信托监管制度，构建残疾人保障信托救济机制等六点建议。

2019年，北京师范大学周玲博士带领课题组对我国心智障碍者特殊需要信托和普惠保险进行调查研究，对特殊需要信托的特点、总体概况、典型案例和需要解决的问题进行了论证，并在此基础上，出版了《中国心智障碍者保障状况蓝皮书》。

2021年4月，中国生产力学会在中国精协的建议下启动课题《心智障碍者关爱信托制度体系研究》，对身心障碍者信托服务标准、政府如何介入公共信托等问题进行了研究，提出特殊需要信托应在实践层面上有所突破，要以建立特殊需要信托框架为抓手，逐步纳

---

① 引自中国社会科学院社会学所内部资料——"心智障碍者长期照料与家庭财产（保险）等服务需求状况研究"课题调研终期报告。

人家庭资产、监护监察、养护机构、枢纽服务组织，形成完整的社会支持体系。

2021年10月13日，在宁波举办的"托付与生活"论坛上，一些专家学者进一步强调了我国建立特殊需要信托的必要性。中国银保监会非银司高传捷司长指出：我国有14亿人口，其中包括身心障碍者、失能失智老年人等在内的潜在需要信托机制保障服务的人群约有4亿多人，当重度残疾人寿命是家长寿命+1的时候，就必须通过完善制度解决终极焦虑，而不能用钱财来检验人性。从全球来看，在人均预期寿命超过70岁的国家中，残疾人人数不断增加，每个人将有平均8年即生命中有11.5%的时间在残疾中度过。为此，他认为孤独症和身心障碍者组织应进一步发挥自身优势，倡导政府建立公共信托和配套制度，承上启下协调各方，推动心智障碍关爱信托制度的建立和不断完善[1]。

北京大学非营利组织法研究中心主任金锦萍教授认为：《民法典》确立的成年监护制度需要有国家、社会层面的回应，而特殊需要信托就是撬动各方需求，推动国家、社会、家庭和个人在心智障碍者服务中分担责任的机制之一。非营利组织、残联也可以成为受托人，起到调节资金、盘活家庭资源等作用。她强调，特殊需要信托是一种服务信托，不仅要管钱，还要更多地去管人[2]。

北京市智力残疾人及亲友协会李俊峰主席指出，特殊需要信托受托服务的核心内容主要体现为两个方面，一是利用资深专业机构的资产管理能力，管理、分配、处置好用于服务的信托财产；二是选任

---

[1] 高传捷，《创新制度，宽疾帮困，不负亿万人民长期托付》，2021年10月13日在"托付与生活"论坛上的演讲。

[2] 金锦萍，《特殊需要信托的引入与我国社会保障制度的完善》，2021年10月13日在"托付与生活"论坛上的演讲。

专业的康复托养、医疗护理机构并与其合作，监督协助对特殊需要人群的照料护理。要实现这一信托既能管钱又能管事的目的，还需要在信托方案中加入监护人、监察人和枢纽服务机构等核心角色，并使之各司其职，有机运行，形成一个支持性的服务体系。在信托运行的过程中，还可以广泛联结公益组织、专业律师、公证机构、监管部门等相关主体共同参与，通过特别的关爱和服务，创造特别的功能和价值，助力美好生活的实现[①]。

2021年12月18日，北京工商大学法学院和北京中周法律应用研究院等单位联合举办研讨会，与会专家就北京社科基金项目"北京市心智障碍者保障信托制度研究"进行成果分享，分别围绕心智障碍者法律保障的现实需求和保障信托制度的设计与实践发展进行了讨论，并介绍了美、日等国有关心智障碍者信托的域外经验，提出构筑特殊需要信托制度模式和架构，为将我国成年监护引入特殊需要信托制度提供路径导向，使特殊需要信托制度与成年监护制度相结合，从而加强对成年心智障碍者的身心监护和财产权利的保护力度。

也有学者认为，我国成年监护制度和相关配套制度不甚完善，引入特殊需要信托的架构，使之成为在成年监护中发挥重要作用的工具，可以弥补现有制度之不足，满足成年心智障碍者及其家庭的双重利益。特别是与监护制度相比，特殊需要信托的制度设计，更能实现委托人的自主意愿，也能更好地弥补监护人财产管理能力不足等问题。与会专家学者还分别围绕心智障碍者的监护信托、保护信托和保障信托等提出了制度设计方案。

2022年12月，中国残联的残疾人问题研究专家也撰文指出，特

---

① 李俊峰，《心智障碍者的品质生活》，2021年10月13日在"托付与生活"论坛上的演讲。

殊需要人群的终身照顾和家庭财产安全监护使用一直是家长尤其是老年家长最难解的心结，特殊需要信托制度被认为是破解这一难题的综合解决之道。虽然在法律法规等方面还有较多需要完善之处，但我国现阶段建立特殊需要信托制度的可行性已经彰显。文章还在论证建立特殊需要信托制度必要性与可行性的基础上，提出了在我国建立特殊需要信托制度的建议。①

通过对文献资料的梳理并综合国内有关心智障碍者信托制度的前沿研究可以看出，尽管专家学者对所论信托的称谓不同，但在心智障碍者这同一视域下，信托的概念已不再是传统意义上的金融工具，它要解决的也不仅仅是心智障碍者家庭的财产继承与托付问题，而是包括了监护监督、养护照料、信托监察、资源服务等在内的制度体系。实际上它不仅是一个谋求一揽子解决父母离世后其残疾子女安置问题的构想，还是一种运用特殊需要服务信托的灵活性和多功能性优势，力求实现财产安全托付和管理之外的、促进社会福利与公益事业的方案。

上述一些研究的可贵之处还在于以研究指导行动，在推动地方身心障碍者服务信托发展的实践上取得积极成效。同时也必须指出，由于我国民事信托尚处于初步发展阶段，本土的特殊需要信托的意涵及其所涉及的监护监察、照料服务等系统性研究还尚待时日。与该研究的必要性、紧迫性和现实需求相比，特殊需要信托的研究数量极为有限，深度不足，还远未成为新的学术增长点和受关注的学术研究领域，尤其是缺乏对特殊需要信托的法律研究和孤独症家庭与信托的相关性研究，毕竟孤独症家庭是购买这一信托产品与服务的主体，他们对特殊需要信托的认知、态度和行动不仅决定着信托服务的利用情况，还

---

① 冯善伟. 我国特殊需要信托制度构建初探[J]. 残疾人研究，2022,（4）：22-30.

会直接影响行业的发展和对孤独症障碍者的安置。

## 三、实践行动的发展

在我国，从实践层面推动心智障碍者特殊需要信托发展的几股重要力量分别是家长组织、金融机构、专业人士与社会组织。

### 1. 心智障碍组织的推动

中国精协和中国智协作为心智障碍者群体的利益代表者和维护者，在谋求解决心智障碍者未来安置问题上起步较早，2009年12月，两个组织共同向中国残联提交了《关于设立中国精神与智力残疾人家庭财产信托基金的初步设想》。2010年中国残联成立了心智障碍者家庭财产信托保险工作组，对心智障碍者的保障与服务需求进行调查，并在此基础上提交了相关内容的两会提案。2011年残联工作组又与中汇保险经纪公司合作，联合开发了《残疾人家庭财产信托保险产品开发试点方案》[①]。

近几年，民间家长组织面对"父母老了、走了，孩子怎么办"这一终极命题，以"利益攸关，无可卸责"的使命感，加紧了对特殊需要信托的探索与实践。2019年7月，融合中国心智障碍者家长组织联盟在大连召开理监事会，会议推动特殊需要信托项目纳入该组织的长期工作战略，并对由理事张嫚教授带队研发的《特殊需要信托助力心智障碍者家庭》项目进行了研讨，最初项目组考虑到信托费用较高和单个家庭信托资产较少的情况，设想通过走家长集合信托之路来降低信托门槛，即每家拿出50万至100万，集合成几千万的资金汇集到同一个资金池中，以量取胜，撬动信托公司的服务。其后，融合中国心

---

① 温洪，《建立心智障碍者家庭财产信托基金，必须配套加强服务保障体系建设》，2021年10月13日在"托付与生活"论坛上的演讲。

智障碍者家长组织联盟在北京举办了特殊需要信托项目合作推介会，线上触达 15 万人。

2021 年 3 月，经过与多家信托公司数月的商洽和共同努力，北京心智障碍者家长李俊峰先生与光大信托签署了第一单身心障碍者服务信托合同及信托监察协议，标志着在身心障碍领域有了专属服务信托。该信托合同将设立门槛费降至 30 万元，这样无需再走集合信托之路，可以覆盖到更多的家庭。2021 年 10 月，浙江省孤独症人士及亲友协会和北京市晓更助残基金会联合在宁波主办了"托付与生活"心智障碍人士特殊需要信托论坛，一些专家学者和签约了此信托的成年孤独症障碍者的母亲田惠萍女士受邀在大会上作交流分享，引发了各地家长的浓厚兴趣与关注。据不完全统计，截至 2022 年 3 月，在各地家长组织的共同推动下，北京、厦门、宁波、广州等地都有孤独症人士家长与不同的信托公司签订特殊需要信托合同。

与此同时，家长组织还以设立特殊需要信托为抓手，积极推动特殊需要信托体系的构建，包括监护人、监察人、服务机构和枢纽型服务组织的尝试与孵化。2022 年 1 月 12 日，由北京市晓更助残基金会等在京举办的"托付与生活"系列论坛上，北京星星雨教育研究所执行主任孙忠凯应邀介绍了星星雨未来作为枢纽型服务组织的战略设计与规划，包括建立成年孤独症障碍者日间服务和夜间服务标准以及专业输出等，旨在使成年孤独症障碍者享受正常化的生活，解决家长的后顾之忧。

2022 年 3 月，全国两会召开之际，融合中国项目网络又组织力量撰写、提交了有关特殊需要信托的建议，并在 11 月 5 日—7 日融合中国项目网络的年会上设立了信托分论坛，分享和交流心智障碍者未来安置的最新进展与经验，持续推进特殊需要信托的发展，体现了家长组织的使命与担当，给处于迷茫和身陷安置困局的家长带来希望。

展望未来，各地的家长组织还将在推动政府政策的优化、服务机构专业服务品质的提升、链接各类社会资源、孵化社会监护监督组织等方面持续努力，以搭建更加健全的、多元化的支持体系。①

2. 金融机构的努力

在各种家庭信托方案中，金融机构扮演着专业受托人的角色。在政府"鼓励商业保险机构开发残疾人保险产品、提供财产信托服务"的大背景下，一些有资质的保险、信托公司看准市场，积极布局，其中包括本研究涉及的平安、光大、中航、万向、中诚和长安信托等多家信托机构。如中航信托在2018年就召集孤独症家长座谈，了解需求，进行市场调研，并于2021年7月9日，在北京举办了"航殊恒爱·特殊需要信托"主题峰会。峰会聚焦特殊需要群体的痛点需求，旨在发挥信托制度优势和跨界资源整合功能，通过受托服务模式创新为心智障碍者家庭等特殊需要家庭提供综合解决方案，并资助出版了《特殊需要信托：财务规划比较研究》一书，介绍了国际上的相关研究成果。平安信托多年来一直关注弱势群体，通过"蔚蓝行动"持续13年定点帮扶特殊儿童福利院、深圳市自闭症研究会，累计组织了近百场关爱活动，参与志愿者超万人。②

与此同时，慈善信托机构也积极助力孤独症家庭。2019年底，中国第一家帮助特殊需要家庭的慈善信托在厦门成立，该信托通过举办"星之助"讲堂和公益论坛启迪父母智慧，提升孤独症家庭的康复教育能力。2021年5月，由温州市瓯海区慈善总会和万向信托股份公司设

---

① 戴榕，《推动心智障碍者未来的美好生活——特殊需要信托探索与创新》，2022年1月15日在心盟年会上的演讲。

② 信托如何服务失能失智人群和家庭？平安信托首次详解特殊关爱信托[N/OL]. 每日经济新闻，2022-1-21.https://www.nbd.com.cn/articles/2022-01-21-2099838.html.

立的"瓯海'点亮蓝灯'慈善信托项目"落地实施,该项目由温州市天爱公益协会投资54万元,依托专业医师和公益组织为孤独症家庭提供持续的心理疏导和帮扶服务。2022年8月22日,江苏首家助力心智障碍人群的"阳光守护"慈善信托在南京成立,该信托由江苏省残疾人福利基金会作为委托人,光大信托作为受托人,意在通过80万元的慈善捐赠提供金融助残之道,使精神残疾人感受到社会的关爱。

中国信托业协会会长姚江涛认为,目前我国针对孤独症人群服务的制度供给和产品供给严重不足,长期依靠财政补贴和社会公益救助的方式难以长效解决供需不平衡问题,只有借助市场力量,通过商业和受托服务相结合的方式提供综合解决方案,方为可持续发展的解决之道。他特别指出了特殊需要信托兼顾了财产安全性和财务可负担性的双重优势,可以更有针对性地解决社会民生需求的痛点和难点。

他还提出,服务信托作为信托本源业务,是我国信托行业深化转型的重要方向。以制度信任为基础,以专业服务为保障,相信特殊需要信托的引入和本土化创新可以有效满足孤独症家庭的需求,为信托行业转型带来新的发展机遇。[1] 可以说,他的观点阐明了特殊需要信托制度的适用价值和社会服务价值以及未来的发展前景。

## 第五节 多元化信托模式的探索

近年来,在金融机构、家长和家长组织以及专业人士的共同努力下,国内开启了对孤独症/身心障碍者家庭财产安全托付的多元化探索,不同的家庭财产信托模式在逐步构建的进程中不断丰富和发展。

---

① 姚江涛.特殊需要信托:特殊的关爱 特别的价值[M]// 何锦璇,李颖芝.特殊需要信托:财务规划比较研究.北京:法律出版社,2021:1-2.

## 一、信托 + 监察 + 成年服务模式

2021 年,光大信托先后与心智障碍人士家长李俊峰、田惠萍签署了身心障碍服务信托合同,旨在通过信托制度的架构优势,为心智障碍者家庭提供一个可持续、可信赖的方案,明确障碍者所需要的服务支持与资金支持的落地条款,解决困扰心智障碍者家庭"家长不在后,孩子怎么办"的后顾之忧,帮助障碍者未来能在有效的支持体系下过上有尊严、有品质的生活。该信托的账户设立费(门槛费)为 30 万元,为一般家庭所能接受,为此,该信托一经落地就受到孤独症障碍者家长们的关注。在签署上述合同的同时,两位家长也同时签署了《信托监察人协议书》,将信托监察人确定为北京市晓更助残基金会。田惠萍认为,该信托合同的签订使自己不再有后顾之忧。

在其后的一年中,光大信托多次举办家长沙龙和论坛活动,并根据家长的需求,将信托产品的设立及运行流程化繁为简,推出了"光信善·星光计划号服务信托"系列产品,成功签署了近 10 单身心障碍信托合同[1]。

为构建社会化支持体系,光大信托着力扩大合作范围,将照料服务和监察人服务纳入信托框架之中。2022 年 7 月 12 日,光大信托与成年孤独症服务机构星星雨东坝校区和慧灵家合共创社区服务中心签署了合作协议,谋求共同发展。光大信托表示,未来将进一步打通信托上下游产业链,丰富信托财产的类别,促进市场主体间供给与服务需求的有效衔接,助力孤独症障碍者拥有顺遂无忧的人生。[2]

---

[1] 光大信托身心障碍服务信托实现标准化流程 [N/OL]. 上海证券报,2022-07-14. https://stock.cnstock.com/stock/smk_xt/202207/4920733.htm.

[2] 界面新闻. 守护"星星的孩子"光大信托身心障碍服务信托做对了什么?[EB/OL]. 网易新闻,2022-07-06.https://www.163.com/dy/article/HBJRH6BI0534A4SC.html.

## 二、信托+监护+遗嘱模式

总部位于杭州的万向信托认为，对于心智障碍者家庭而言，运用特殊需要信托，配套监护、监督等制度工具不仅是解决托付问题的一种优选方案，更是重拾积极生活态度的一种有效方式。2020年，万向信托推出了针对孤独症等身心障碍者的"星语系列"特殊需要信托，并结合保险产品落地了"星爱系列"。"星语"特殊需要信托适用于希望提前为子女的未来生活或自身养老做财产和人身规划，希望看到信托运行，并亲身参与服务对接的特殊需要家庭，特别是那些有家庭财产留存但现阶段可用资金不多的家庭。信托不设立具体门槛，首期交付的金额可根据各家庭首年度基本支出金额进行调整。万向信托的具体做法是帮助委托人先行完成信托框架的搭建，后续委托人可根据家庭实际需求分期交纳信托财产，启动信托的运行，并根据受益人成长和需求的变化，不断对信托运行的方式进行优化更新。

2020年10月，万向信托联合上海市普陀区公证处将信托与监护制度相融合，通过"信托+监护+遗嘱"的复合模式，将监护服务、遗嘱、遗产管理等理念融入其中，为当事人提供定制化服务。在信托利益分配条款上，增加分配频次、降低起付金额、直接支付服务机构费用，以更好地满足孤独症家庭的实际需求。[①] 万向信托还表示，会积极参与共建社会支持体系，在发挥信托财产独立性、安全性和长期管理优势的同时，进一步协助成立孤独症社会监护组织，对接个案管理支持等专业服务平台，由其安排或提供监护、评估、陪伴等个性化服务，尽可能让孤独症子女在家长离世后也能得到好的照顾，将钱转换成服务陪伴其成长，实现信托服务的持续完善和迭代。

---

① 《万向信托落地特殊需要信托——用信托守护这份爱》，详见"爱托付关爱"公众号（2022年1月7日）。

至 2022 年，万向信托已先后与宁波、广州的孤独症家长签署了信托合同，并完成了对五份服务协议的审核。①

## 三、保险 + 信托模式

保险 + 信托模式也被称为保险金信托。近年来，平安信托秉承"金融向善"的理念，设立了面向孤独症人士和心智障碍者群体的特殊关爱信托。在 2021 年孤独症服务行业可持续发展论坛上，平安信托首次透露了特殊关爱信托的落地成果。

2021 年，一位单亲母亲为孤独症儿子设立了 1400 万元的保险金信托。为适应更多特殊家庭的需要，平安信托将特殊关爱信托的门槛费设定在保单 100 万加现金 100 万起。截至 2021 年底，平安信托已成功签约四单特殊关爱信托，另有一单尚在流程中②。2022 年，平安信托推出的特殊关爱信托不再采用保单 + 现金的模式，而是采用保险金信托的模式，将终身寿险的保额设定为 200 万，可分 10 年、20 年或 30 年交付。投保人在购买终身寿险后须与信托公司签订信托合同，按照自己的意愿委托相关事宜。在未来发生保单理赔时，信托机构收到理赔款后，会按照委托人的意愿进行财产分配及投资管理，这对于无自理能力的受益人来讲，无疑是一种对财产分配的特殊支持，从而实现对他们的特殊照拂，解决父母的后顾之忧。

平安信托认为，特殊关爱保险金信托不是一个简单的金融产品，而是一个为特殊家庭服务的、包含了投资管理及传承规划的法律架构。从产品整体角度来看，保险金信托模式功能齐全，包括了大额保险理

---

① 杨欢，《意定监护和信托对养老和托付的支持》，2022 年 11 月 7 日在融合中国联盟 2022 年年会信托分论坛上的演讲。

② 谭冰梅."保险 + 信托"关爱特殊人群 [N/OL]. 南方日报，2022-01-26.https://epaper.southcn.com/nfdaily/html/202201/26/content_10003431.html.

赔资金的统筹管理、家庭资产的风险隔离、家庭各成员的统筹照顾，以及用于慈善公益服务，等等。平安信托曾表示，2022年公司会将保险金信托作为特殊关爱信托的主要模式重点加以推广，并会加强对所划拨信托资金使用的监督。

此外，平安信托还注重通过科技赋能来增进信托服务利用者的良好体验，上线了平安保险金信托智能化运营平台，投保人可以通过全流程线上服务设立信托，将保险金信托产品的成立时效从原先的30个工作日缩短为2个工作日，实现了标准型保险金信托耗时少、签约快的效果。①

继平安信托之后，2022年8月，中国人寿保险公司和中诚信托公司与中国精协合作，推出了专门为孤独症和其他心智障碍群体量身定制的特殊关爱保险金信托产品——"关爱星星"保障计划。考虑到这些家庭的实际困难，该产品将保险金信托的门槛费降至50万元，可以趸交也可以分期交纳，同时还支持月缴，并设有8年、13年、20年和25年多种保险期，将保险金信托投保者的年龄放宽至75周岁，以最大限度地满足孤独症家庭的需求。②为使父母离世后，信托资金能够用于其孤独症子女，该信托在服务链接方面，拟由中国精协协助选择具有专业资格和一定经验的服务机构，或采用指定白名单的方式确定适合的服务机构，以解除家长的后顾之忧。

2022年8月27日，中国精协邀请部分家长在中国人寿保险公司召开孤独症家庭信托需求座谈会，会上中国人寿和中诚信托的相关负责人向家长们介绍了特殊需要保险金信托方案，解答了家长们提

---

① 信托如何服务失能失智人群和家庭？平安信托首次详解特殊关爱信托 [N/OL]. 每日经济新闻，2022-1-21.https://www.nbd.com.cn/articles/2022-01-21/2099838.html.

② 《"关爱星星"首单落地：关系弱势群体，守护美好生活》，详见"中国人保寿险"公众号（2023年2月2日）。

出的问题，指出特殊关爱保险金信托集合了保险金和信托的双重优势，除了准入门槛低，产品功能全，装入的产品比单一的保险或信托更加丰富，资产分配方案也更为齐全外，还能使投保人得到保险产品的生前保障，这些保障和未来的信托资产传承功能会产生叠加效应，使投保人获得生前+身后的双重保障服务，与其他纯资金的信托相比，具有"服务功能+"的属性，更有利于满足孤独症家庭的诉求。① 至 2023 年初，"关爱星星"年金保险首单落地，并有一些家庭拿到了专属计划书。

## 四、保险+信托+托养模式

国内对心智障碍者家庭养老和财产托付的多元化探索也体现在一个从 2017 年就开始实施的项目上。2017 年，中国智协启动了旨在解决心智障碍者家庭代际养老的放心工程项目，研发团队先后赴十几个省，走访了 400 多家康复与养老机构，在广泛调研与整合各方资源的基础上，设计推出了"保险+信托+托养"的模式，并于 2022 年 1 月 15 日在北京丰台金蜗牛心智障碍者家庭服务中心召开了研讨推介会。

会上，中国智协放心工程项目负责人、中信保诚人寿保险公司和中诚信托公司负责人从不同角度介绍了这一产品的设计方案。"保险+信托+托养"模式的具体构想是，以中国智协为委托人，建立一个统一的信托账户，将各委托家庭的财产统一汇集到这一账户之中，以中诚信托为合作受托人，负责信托财产的登记和资产管理等。心智障碍者家长可以通过购买保险金信托，实现财产的保值增值。保险金信托的设立门槛为 100 万，家长购买的保险金信托可以是终身寿险，也可以是年金险，年金险的给付资金可以用于老残双养或心智障碍者的未

---

① 《孤独症家庭保险金信托需求座谈会在京举办》，详见"孤独症资讯"公众号（2022 年 8 月 31 日）。

来所需；终身寿险的理赔款会在父母去世后转入信托账户，拨付到子女所在的康养机构或家庭中。

中国智协放心工程项目的负责人表示，中国智协作为全国性的心智障碍者社团组织将负责该信托的全流程监管，具体包括监督受托的信托公司、与养护机构进行结算，确认受益人的账单并加以审核盖章。他强调这一"保险+信托+托养"的模式设计，其初心和优势在于：第一，由中国智协背书，监督力度和公信力会大于个人，可减轻一些家长对资金安全监管的担忧；第二，这一模式以托养照料服务为核心，中国智协已在国内集中整合了多家残疾人康复机构和有意愿做"双养"的养老机构，有利于将资金转化为服务，为"双老一残"家庭提供托养服务和养老服务的整体保障；第三，即使身心障碍者的父母离世，也能够解决保险金转入信托账户的衔接问题，其子女能够得到长久的保障。[①]

在上述金融机构积极推进保险金信托的同时，在孤独症障碍者家长中已有通过购买保险金信托+定向慈善捐赠服务，来实现家庭财产托管的先例。具有这一探索意识的成年孤独症家长卢莹在接受访谈时讲道："我买的保险金信托就是一份寿险，好处是它有杠杆，保单的保额是 1000 万，我需要交保费 600 万，分 20 年供完，每年交 30 万，由保险公司替我投资。大概交到第 12 年，保单价值就足以替我去供这份保单剩下来的 8 年保费了。等我去世后，这份保单的 1000 万理赔金会直接纳入中信信托，按照我跟中信信托签订的信托合同去分配使用，包括每年给儿子的生活费、服务费、医疗费等，就能成为孩子未来生活的一个保障。"[②]2020 年，卢莹又与中信信托签订了补充协议，实现

---

① 中国智协放心工程项目负责人于 2022 年 1 月 15 日在北京研讨推介会上的发言。
② 卢莹，《如何安排孩子的未来》，2022 年 1 月 29 日在爱托付直播间的采访对话内容。

了每年定额分配捐赠，用于促进心智障碍者监护监督体系的建立，以及会在受益人身故后一次性定向捐赠给深圳壹基金公益基金会，用于支持壹基金海洋天堂计划①。国内首个保险金信托 + 定向慈善捐赠服务的推行也令孤独症家庭备感温暖。

## 五、提存公证 + 遗嘱 + 监护模式

近两年，采用提存公证这一国际通行的民事法律制度来实现家庭财产安全托付的做法也受到孤独症家长的关注，并开始了相关的讨论和探索。

提存公证是指公证机关依照法定条件和程序，对交付的提存物进行寄托、保管，并在条件成熟时交付给债权人或其他受益人的活动。

在这一活动中，公证处是接受和转交提存物的部门。目前可以提存公证的标的物主要包括：货币、有价证券、票据、权利证书、贵重物品、担保物（金）及其他适宜提存的物品。在现实生活中，二手房的买卖也可以通过提存公证来实现。提存公证的结果是一旦把提存标的物（财产）交到公证处，债权人或担保人即失去了对提存标的物的控制权，实现了标的物的风险责任转移，当给付条件具备时再由公证处将提存标的物交付债权人。

监护人、遗产管理人为保护被监护人、继承人的利益，可以申请对所监护或管理的财产办理提存公证，待条件成熟时由公证机构向被监护人或继承人交付提存物。

孤独症家长考虑做提存公证的目的是想保证家庭财产安全地用到

---

① 壹基金海洋天堂计划源自电影《海洋天堂》，本计划旨在联合全国的民间服务机构，为患有孤独症、脑瘫、罕见病等儿童提供救助，提高民间机构的专业服务能力和组织发展能力，进行公众宣传与社会倡导，促进国家对特殊儿童的关注与政策支持，帮助他们享有有尊严的、充实而适宜的生活。

子女身上。从法律上讲，由于家庭购买的信托资产实现了风险隔离，不能作为遗产，家长如果想把家中尚存的现金、有价证券等资产在自己离世后继续用在子女身上，就可以与公证处签署协议，开设一个提存账户，通过订立遗嘱的方式把遗产全部放进提存账户之中。提存账户是独立于公证处自身业务结算账户之外的，账户内的款项归属提存当事人或领受人。

提存公证的优势是没有门槛设立费，不需要提前支付资金，财产安全有保障，同时也可以配合签署的协议，执行个性化的资金监管方案，定额定向地将资金拨付给第三方，使孤独症家庭多了一个法律财务工具的选择。

提存公证的局限在于它主要只是保管财产，不做投资，资金收益低甚至是没有。家长还应注意考量的是，提存公证虽然没有门槛费，但需要支付公证费，公证处收取提存公证的费用是根据财产数额的比例，金额越大收费越高，一般在千分之一到千分之三之间。另外，提存公证标的物如果是贵重物品、艺术品等，可能还会收取评估鉴定费、保管费和拍卖费等。

同时，家长还须提前确定监护人／监督人，也可由公证处担任遗嘱执行人。当孤独症子女有开支需求时，可提交申请，让这笔资金继续服务于子女，这样做的好处是可以预防纠纷，实现孤独症障碍者与财产的分离。对于财产丰厚的家庭可以同时采用保险、信托加提存公证的方式。但需要指出的是，目前国内能够开展提存公证业务的公证处极为有限。本次调研发现，孤独症家庭虽不乏对提存公证的探询，但作为托付"身后事"的提存公证目前尚在探索之中，暂无落地的案例。

在探索上述模式的同时，一些专业人士和助残组织也在尝试，推进在国有银行设立心智障碍者专属账户并加以监管这一财产托付模式的形成，旨在发挥国有银行对资金的监管功能，通过银行支出受限业务，规避监护人随意提取和滥用资金的风险，通过这一普惠性做法来解决大多数家庭的资金安全问题。目前，已有一些家庭在工商银行完成了专属账户的测试，未来还需要依靠制度优势，使政府的监管覆盖整个流程。

以上不同类别的财产托付模式，体现了各相关方的不懈探索与努力，是现代监护、信托理念不断更新和信托业转型升级、回归本源的结果，这不仅促进了信托财产类型的多样化，也显示出我国信托行业正在超越传统信托"只管钱不管事"的局限，发挥特殊需要信托的优势，以孤独症障碍者为核心，构建良好的财产信托与未来安置的支持生态圈。特别是一些创新性成果的落地，给孤独症家庭带来了更多的选择机会，增强了解决安置问题的信心。从未来发展趋势看，各保险信托公司还会不断延伸上下游服务链条，提升客户服务体验。通过促进遗嘱、监护和监察服务的细化实施与托养照料配套服务的逐步完善，进一步拓展信托业务的空间。上述各类不同的信托模式也将在相互借鉴、吸纳和渗透、交融的过程中不断丰富自己的服务内容。

目前国内的特殊需要信托业务仅限于几个经济发达的城市，还未完成制度的建构，特殊家庭的财产安全托付还面临着诸多风险与挑战，多数家庭对设立信托仍持观望态度，要走出这一困境，尚须进一步深入了解孤独症家庭与财产信托的相关性，尤其是障碍者父母对财产信托的认知与态度。

## 第六节　孤独症障碍者家庭与财产信托

在孤独症家庭中，家长是使用金融工具的主体，他们对保险、信托的认知直接影响着特殊需要信托的发展，同时更重要的，家长还是家庭资产配置和子女未来安排的主要决定者，因此，了解不同的家庭经济境况下，家长对财产托付的想法、现况及诉求，无论是对成年孤独症人士的未来安置，还是对相关政策的制定都具有重要意义。基于这一考虑，本项目分别对孤独症群体中的经济困难家庭、工薪阶层家庭和中产之家的保险信托利用及财产安排情况进行了调研。

## 一、经济状况不同的家庭对财产信托的态度

访谈中家长们对家庭财产的托付和子女未来安置的想法不尽相同，归纳起来大致可分为以下四类：

### 1. 经济困难家庭

这部分家庭大多只有房产而少有现金积蓄，家长们没有考虑过购买保险或设立信托，他们对子女的未来生活也主要寄希望于国家的保障和盘活房产。

本研究访谈的多个个案表示，没有购买金融产品的首要原因还是经济压力使然。

"我自从孩子被诊断是这病，有20多年没上班了，全靠他爸一个人，一家人只能省吃俭用地过日子，一分钱都不敢多花。信托对我们这样的家庭就是个梦，我压根儿就没想过。"（家长访谈34）

"您说现在信托的门槛低了，我听说有20万的，还有5万的，可这不是缴一次就完的事啊，几万块钱不可能管他（儿子）一辈子啊！可就是几万块钱对我们来说也得砸锅卖铁了，这买信托的脑子我也就不走了。"（家长访谈38）

"今年的那个论坛开得好，把我们家长的操心事都想到了，听田（惠萍）老师的发言好激动啊！可过后我静下来一想，即便是将来卖了

房子，也还是负担不起啊！我身边的这些家长就说，别说信托了，我看什么托也托不起咱们这样的，最后还是得靠政府托底才行。"（家长访谈39）

在成年孤独症家庭中，经济困难家庭占有较高的比例。

2. 小有积蓄的工薪家庭

这类家庭想得最多的是如何能在保证资金安全的前提下，实现资产的保值增值，"至少得能跑赢通货膨胀"，以保证子女的未来之需。

在政府与市场之间，他们更倾向于依靠政府，希望通过呼吁政府可以给孤独症家庭提供更多的优惠政策，如减免个人所得税、房产税等。至于对家庭资产的未来安排，有的希望能在国有银行中为子女设立专属账户，有的期盼能像国外有些国家那样由政府担任公共受托人，出台金融惠民政策。一些年长退休的家长则更倾向于选择安全、方便、有政府背书的金融产品。

"我们上年纪了，又不懂金融，听了几次直播，与家长们也没少交流，都说别把鸡蛋放在一个篮子里，可我就觉得一会儿是保险、信托，一会儿又是公证、遗嘱啦，真是太复杂了！我就希望政府能出些安全、省事、好管理的产品，这对我们老年人最重要，省得一天到晚总为这点钱操心！"（家长访谈23）

在对65岁左右成年孤独症家长的焦点组访谈中获知，他们目前的家庭资产配置多为国库券、给自己或子女买的商业保险以及银行出售的养老理财产品。虽然都是工薪阶层，但老年家长的抗风险能力明显低于四五十岁的家长，"求稳、求省心、放那不用总管"的金融产品成为他们的首选。

### 3. 中产之家

在对各地孤独症家长的调研中，感觉中产之家尤其是50多岁的家长对信托的关注度最高，他们掌握相关的金融知识，在微信群里的讨论也最为活跃，但他们恰恰也是最为纠结的群体，一部分人甚至形成了"中产焦虑"，一些典型的访谈结果很能代表这部分家长的心态。

"为了这孩子，我们辛苦打拼了二三十年，加上父母留下的房子也有几套，要是让政府兜底我可不甘心，毕竟是有家有业的。我咨询过长安信托、中融信托和平安保险，以前也曾想过做家族信托，可现金资产还是不够，所以现在就成了上不着天、下不着地的情况，就像找对象一样，高不成低不就的，纠结着呢！"（家长访谈18）

"对我们来说，是否购买信托不是钱的问题，而是有钱你也买不到好的服务，找不到合适的监护人，也怕钱出去了没有政府监管打了水漂，思前想后总是下不了决心。可要是等哪天我们不在了，找不着可托付的人，我们的钱还指不定让谁花了，房子让谁住了呢！谁也不知道明天和意外哪个先来，一想到这事我就闹心！有时整晚整晚睡不好觉，还总想哭。"（家长访谈20）

由此可见，财产信托、养护照料和监护监督互为因果，深刻地影响着孤独症家长的情绪和决策。

### 4. 已设立信托的家庭

目前这类家庭的数量还少，他们多为家长群体的带头人，也具有一定的经济实力，敢为人先，一些签约后的家长感到如释重负。他们的想法是早些为未来做好准备，如果将来情况有变化，信托合同和遗嘱还有机会按照自己的意愿来修改，可以使子女未来的安置规划逐步趋于完善。

## 二、家长在子女和财产安置上的迷思

### 1. 迷思之一：燃烧自我型

在小龄孤独症家长不惜一切代价为了孩子的康复砸钱的同时，老年家长则在节衣缩食地为子女的未来攒钱，他们苦苦地追问："我走了，孩子怎么办？"却不执念于："我活着，孩子就好办！"他们忽略了首先要安排好自己，没有认识到安排好当下的自己比安排孩子的未来更重要。

"白发父母为子女不确定的未来不停歇地挣钱找出路"，这一十年前的调查现况①，在本次调研中又一次被印证。一些60多岁的家长，省吃俭用为子女攒钱，全然不顾自己，特别是经济状况欠佳的家长更为明显。

天津 G 妈的心声代表了一批老年家长的真实想法："这样的孩子虽说有国家兜底，可也总得有个人，遇到个事什么的有个照应不是？他们将来去机构不就跟去养老院一样吗，我从现在的养老就看出来了，有儿女来看你的、有亲友管的，养老院就是不敢欺负你、虐待你。您想想就咱这样的孩子，有钱都不一定有人愿意管，更甭提你一点儿都没有了！咱比不了人家有本事的父母，能让孩子旅游、健身啥的，可也总得为他留下点儿啥呀！将来遇着事了，总得有个人出面为他说句话啊！"（家长访谈32）

更有不惜自己的一切，也要为子女攒钱的家长："不瞒您说，我这多少年都没买过衣服、下过馆子了！大人怎么都好说，大不了到了那一天，我沟死沟埋、路死路埋，怎么都行，可孩子呢？一个精神病人，

---

① 引自中国社会科学院社会学所内部资料——"心智障碍者长期照料与家庭财产（保险）等服务需求状况研究"课题调研终期报告。

没亲没故、孤苦伶仃的多可怜啊！我不为他攒着点能行吗？"（家长访谈35）

这些家长拼的是自己，攒的是孩子的未来！但他们毕竟年迈体衰，挣钱能力下降，有的只能靠捡拾废品攒钱。

2. 迷思之二：听天由命型

有一部分工薪阶层的家长，原本是可以通过学习金融知识，进行家庭财务规划，通过实现资产的保值增值来抵御家庭风险，安排好子女的未来生活的。但他们认为自己挣不来大钱，买不起保险和信托，也不憧憬未来，干脆就此"躺平"，使子女和家庭都处于缺乏保障、无力抵御任何风险的危险境地。

"我们两口子都是工薪阶层，日子过得也就一般般吧。听说买保险、信托都要很多钱，可我们一年到头也剩不下多少钱，没想过买这些东西，也没怎么想过抗风险、制订家庭规划什么的。至于说孩子的未来，我们不敢想，想了也没用，一人一命，就看他自己的命了，听天由命吧！"（家长访谈38）

也有的家长认为自己"想得更开"："我觉得没钱的人就更要想得开，我一点儿钱都不存，有点儿钱了就带闺女坐火车去旅游。车上的人问我'你不在了，她（闺女）怎么办？'我说有政府啊！人家问我'是哪个政府部门管啊？'我跟他们说不知道，反正我一死，她在屋里一闹腾，邻居一打110，警车一来就拉走了，反正不会冻饿而死。反正我一退休工人也没什么钱，就想趁活着把钱都花了。"（家长访谈40）

2021年底发布的《广州市心智障碍家庭养老服务需求研究项目报告》显示，在60周岁以上的被调查者中，有23.8%的人没有为子女未来的生活做准备。当问到"您觉得考虑未来安置规划的困难和挑战是什么"时，有20%以上的家长表示"不想做选择，只能拖着"①。这种现象与其说是反映了一种听天由命的人生态度，不如说是孤独症家庭的一种无奈的表现，这种群体行为的意向选择，是社会结构性困境造成的结果。

3. 迷思之三："中产焦虑"型

在本次调研中，感到有相当一部分中产阶层的孤独症障碍者父母，他们的心理压力和忧虑不安高于低收入家庭。家庭财产的传承、保险、信托、遗嘱、监护、托养、照料……无休止的安置困局令一些中产之家陷入无解的纠结和焦虑之中，身心俱疲。

"您说的这些事（财产的安全托付）不知道不行，知道了整天琢磨，我想着孩子现在在企业上挂靠着，将来能有点养老金，我也给他买过商业保险，现在又想着房产将来也得变现，还得有公证过的遗嘱信托才行。可将来我老了，这保险里的钱只能在身故后才理赔，这和将来做提存公证出来的钱都怎么安排？谁能给你办这些事？我怎么也想不出一个好招来，太烧脑了！真是越想越烦，烦得我有时想骂人，可又不知道该骂谁！"（家长访谈25）

老年家长X女士说："还说孤独症家长有智慧呢，怎么一想到孩子的未来就啥智慧都没了！不想这些事还能平静生活，一想这些事就纠结得不行。这两年查体，又是甲状腺结节、乳腺结节，又是肺结节，今年还查出来个肾上腺结节。中医大夫说，你这些结节全都是思虑过度，肝郁气滞造成的。这倒是提醒我了，安置孩子这事还真是得赶早，岁数一大，人就脆弱了，病也找上门来了，再过几年恐怕想烧脑都烧不成了，身体和脑子都不给力了啊！"（家长访谈27）

---

① 数据来自广州扬爱特殊孩子家长俱乐部在2021年12月发布的《广州市心智障碍家庭养老服务需求研究项目报告》。

中产阶层的焦虑与纠结由此可见一斑。

4. 迷思之四：周密无瑕型

访谈中发现，家长常常会为其子女不确定的未来感到焦躁不安，担心一旦购买了保险、信托，订立了遗嘱，情况又会发生变化，在思考财产托付的过程中，往往会以愿望思维指导现实决策，要求自己订立的遗嘱和对信托、监护、照料的安排都周密无瑕，无懈可击。

"别的家长和亲戚们都说我'你这岁数该考虑这事了'。今年这自闭症圈里接连发生父母去世的，有的还挺年轻，早晨还开车带儿子上班呢，到单位就不行了！其实我从50多岁时就想，一到了60岁我就得先安排这事，可这一晃我都65了，还是没想好。方案想过不少，但都有这样那样的风险，也想不出个万全之策。其实我也明白，即便是买了信托，写好了遗嘱，也都是纸上的东西，都有不确定性。可我就是害怕有变化，总想着一次都给他安排妥了，一锤子定音，我也就彻底解放了，总不能让我一辈子没完没了地想这事啊！"（家长访谈30）

可见，一些家长是以愿望思维来规划子女的未来，惧怕一切改变带来的风险，期望一劳永逸地解决问题，这也是构成这类家长迟迟没有将规划变成现实的原因。

上述研究结果，反映出不同经济状况下孤独症家庭在财产托付问题上的所思所想，呈现了这些家庭在破解安置困局中的挣扎与无奈，表明形成这一困境的原因固然与家庭个体因素有关，但更深层次的原因则是错综复杂的制度性、社会结构性因素。

## 第七节 制约特殊需要信托发展的主要因素

### 一、对特殊需要信托认识不一

目前，国内相关政府部门、学术界和社会组织对什么是特殊需要信托，我国要构建什么样的特殊需要信托，以及包括孤独症家庭在内的心智障碍者家庭需要什么样的信托都存在不同的认识。

首先，什么是特殊需要信托？如前所述，特殊需要信托起源于美国。从国际上看，特殊需要信托最重要的特征是：它是政府对特殊需要人群的一种救助和福利政策，即承认身心障碍者及其家庭的财产不影响其享受国家的补助和福利。但是目前，在我国补短板型的社会保障政策之下，政府承担的主要是兜底保基本的职能，至少在"十四五"期间国家对残疾人商业保险、财产信托服务的政策定位不会改变。

另外，综合归纳政府部门与学界的研究及地方出台的相关文件，国内有关特殊需要人群的信托称谓有"身心障碍者服务信托""心智障碍者关爱信托""心智障碍者保护性信托""残疾人保障信托""监护支援信托"和"特殊需要信托"等，如中国银保监会非银司高传捷司长在介绍《关于建立我国残疾人保障信托制度的研究》时指出，课题命名的依据是《中华人民共和国残疾人权益保障法》和联合国《残疾人权利公约》；2020年9月深圳市残联等部门发布的政策文件是《关于促进身心障碍者信托发展的指导意见》；从一些心智障碍者家庭与光大信托公司签订的合同文本来看则是"身心障碍者服务信托"。那么，各种有关身心障碍者信托的概念与意涵都是什么，以及与特殊需要信托的关系如何，都有必要从理论概念上进一步阐释与厘清，以更好地指导实践。

至于当前家长和业内关注的特殊需要信托，各方也有不同的解读。中国信托业协会在 2022 年出版的《2021 年信托业专题研究报告》中将特殊需要信托定义为："委托人基于对受托人信任，将资金或财产转移给受托人，受托人按照委托人的意愿以自己的名义，为包含心智障碍者、失能失智老人以及其他全部或部分丧失以正常方式从事某种活动能力的特殊需要人群管理及运用信托财产，满足其日常生活、医疗、护理等信托文件规定的用途。在特殊需要信托的结构安排中，受托人提供的受托服务主要体现为两方面的核心优势，其一是利用自身专业资产管理能力，管理、分配及处置好用于服务特殊需要人群的信托财产；其二是选任并与专业的服务机构进行合作，为特殊需要人群的日常生活、医疗、护理等方面提供服务，并协助监督。"2022 年 4 月在监管部门下发的《关于调整信托业务分类有关事项的通知（征求意见稿）》中对特殊需要信托的释义是"信托公司接受单一委托人或者单一家庭的委托，以满足和服务特殊需要人群的生活需要为主要信托目的，管理处分信托财产"。

有法律界人士对特殊需要信托的解读是：它是政府为特殊家庭实现其特定信托目的单设的一类民事信托，并对这些障碍人士予以特别的保障；委托人的家庭成员是特定的，受益人范围也是特定的；以政府为主导，是具有法律地位和保障的信托，资金门槛低，安全系数高，对信托财产有全程监管，（尽量）不改变受益人已有福利；受托人的身份、权限受（遗嘱）信托文件和法律政策的约束，可由公共受托人出任；应该是多赢的模式，照顾到特殊群体全生命流程的需求。[①]

---

① 范晓红，《特殊需要信托特在哪里？》，2022 年 4 月 1 日在百行宜众·汇安心的线上直播内容。

还有家长组织的负责人认为，特殊需要信托是一个集成服务生态体系，它涉及方方面面的利益相关方，是对孤独症障碍者全生涯服务生态的改变，等等。①

由此可见，如何汲取国外特殊需要信托的有益经验，结合我国的具体国情，将理论与实践相结合，汇聚各方力量，构建符合心智障碍群体需要的本土化的信托服务体系仍是摆在我们面前的一项艰巨任务。

## 二、相关的法律法规亟待完善

首先，我国现有的《信托法》和《信托管理办法》中针对残疾人的特殊需要信托的类型少，信托财产登记制度，尤其是不动产等信托财产登记制度不完善，操作流程不具体，无法满足孤独症家庭对信托的需求。其次是信托监督制度不完善，我国法律对私益信托②没有设立信托监督/监察人的明确规定，同时对监护监督人的选择和设置也没有明确的要求和法律规定。最后是我国尚缺少完善的针对残疾人的信托税收法律法规，甚至存在对委托人的信托财产和信托机构进行双重征税的现象③，这既会影响孤独症家庭对信托服务的利用，也不利于调动信托机构开展特殊需要信托业务的积极性。

## 三、缺乏政府背书和公权力的介入

从国外的文献资料和实践进展可知，特殊需要信托服务离不开公

---

① 戴榕，《家长组织在特殊需要信托中的角色和定位》，2022年11月27日在"孤独症成年服务——个案管理与社区支持"线上交流会上的演讲内容。

② 私益信托是指委托人为自己、亲属、朋友或者其他特定个人的利益而设立的信托。

③ 李光荣，高传捷，王力，等. 分报告四：关于建立我国残疾人保障信托制度的研究 [C] // 中国生产力学会. 2015–2017 中国生产力发展研究报告. 北京：中国统计出版社，2018：301-316.

权力的介入，政府强大的公信力能使特殊家庭安心。同时，一些国家的特殊需要信托不是商业行为，而是赋予特殊家庭的一种金融惠民服务，比如在新加坡，委托人设立信托的本金都是可以归还的。

不少家长在座谈中表示："我们最担心的就是没有政府的背书，我们把钱投给了信托公司，万一信托公司哪天破产跑路了，我们上哪儿找人去？我们这样的家庭可经不住这种折腾啊！"

"信托信托，你信才托，没有信任就不可能托付啊！现在社会上多乱啊，我也不知道哪个信托公司是能信任、靠得住的，我就是相信政府，没政府的背书总是觉得不踏实、不靠谱。"（家长座谈资料）

中国精协 2022 年对 5669 位孤独症障碍者家长的问卷调查结果也表明，家长对于建立特殊需要信托服务呼声最高的是建立政府和社会的监督机制，占比 91%。[①]

## 四、金融与实体服务的衔接尚缺乏保障

家庭财产从安全托付到持续用于孤独症障碍者未来的生活需要多个环节的顺利衔接，但目前一些关键的衔接环节尚缺乏有效的法律保障和监督，如民事遗嘱信托受托人的诚信品质难以认定，且无有效的监督制约。遗嘱信托从一份遗嘱的生效执行到遗产变卖转移到信托名下，仍缺乏有法律保障的实现路径。此外，如提存公证与遗嘱执行人之间的衔接、不是同一旗下的保险公司与信托公司之间的衔接，都有可能存在一定的风险。

## 五、成年托养服务的不足制约信托的发展

目前国内从事成年孤独症托养照料的服务机构有限，对服务质量

---

① 温洪，《关于个案管理及社区支持的相关思考》，2022 年 11 月 27 日在"孤独症成年管理与社区支持"线上交流会上的演讲。

的监督和评估还处于初步发展阶段。一些民办机构的生存发展存在着很大的不确定性，无法保证父母离世后其子女能享有长期、专业的服务，特别是能够提供特殊需要信托配套的个性化服务机构尚属凤毛麟角，这一状况直接影响了家长设立信托的热情，毕竟只有当家庭财产转变为孤独症子女可获得的服务时才能体现价值，才是家长所愿。在没有令其满意、适宜的服务提供，看不到未来子女生活照料和安养的前景时，家长是不愿拿出资金来购买保险信托产品的。

本项目的质性研究结果也证实了这一点，一些有经济实力又兼具一定金融知识的家长迟迟未设立信托的原因，是担心花钱也买不到所要的服务。

成年孤独症家长N女士表示："保险金信托、特殊需要信托我都了解过，我现在还没买是因为即便你买了，真金白银花出去了，孩子也得不到好的服务，我们买信托不就是为了孩子能过上好的生活，活得比靠国家兜底好一些吗？可现在，能住宿的托养机构的服务真不敢恭维，你买没买信托还不都是一样对待吗？我孩子就在机构里，我看将来有一天我们不在了，这机构也不会因为我买了信托，每天就多给他一个鸡大腿吃吧？钱，归根结底得用到孩子身上才行，提供不了个性化的服务，我买它（信托）干吗？我还得交千分之五的信托管理费，还不如买基金的收益高呢！"（家长访谈33）

北京的Z妈说："现在的民办机构不稳定让人头疼，就算是咱国内最早做大龄服务的机构，听说前一阵子也因为城里清理外地人口，一下子就由五家减至三家了。这服务呢，不光要看机构怎么样，还要看那个机构具体管孩子的人怎么样。这就像养老机构一样，你看这家养老院挺好的吧，可具体负责照料你的人不好，一样够你受的！我总担心设了信托账户，投了钱，也不能得到咱想要的服务啊！"（家长

访谈 26）

总之，如果家庭资产不能确定转化为对子女的专业服务，这种成年孤独症托养服务就会制约特殊需要信托的发展。

## 六、成年监护的缺失限制信托服务的利用

对于成年监护与财产信托的关系，孤独症家长卢莹的观点很具代表性："我觉得保险和信托比起来，只不过保险没有个性化服务条款，但个性化服务条款对我们心智障碍的孩子来说意义不是很大，因为最终他还是需要有监护人替他花钱，或者去帮他管理财务。信托倒是有这种个性化条款，但是无论如何，最终钱还是要到监护人手上。钱放在信托或者保险中，相当于我们把母鸡放在那里，母鸡下的蛋依然是在监护人手上，孩子需要的医疗费用和未来可能结婚生子需要的费用，都需要有监护人替他去安排。"①

从以上可以看出监护人与家庭财产信托的关系，监护人决定着信托财产的使用，而选择和确定合适的监护人恰恰是许多孤独症家庭的软肋。实际上，保险金信托、遗嘱信托、提存公证、遗嘱执行的落实都绕不开监护人。因此，如果有关监护人的这些问题得不到妥善解决，势必就会影响家长设立信托的积极性。

虽然目前社会监护人和家长组织担任监察人的实践已在国内开启，但是由于社会监护组织刚刚建立，家长组织能否行稳致远仍是令家长们担心的事情。

在本研究的焦点组访谈中，持有这一想法的家长谈道："这些年看到自闭圈里的家长组织干了不少事，发展势头也挺好，将来要是能当监护人、监督人什么的，对我们找不着监护人的家庭就太有利了！不

---

① 卢莹，《如何安排孩子的未来？》，2022 年 1 月 29 日在爱托付直播间的采访对话内容。

过这些年家长组织也是分分合合的，就怕长不了，也担心这些组织将来换个头儿就不知是什么样的了。"（家长焦点访谈资料）

可见，压在孤独症家庭上的"三座大山"——监护监督、财产信托和托养照料相互制约，社会监护机构和家长组织的不确定性以及亲友作为监护人的风险都会影响家庭的信托决策。

## 七、信托公司与公证部门的长期服务动力不足

目前，国内面向特殊家庭的信托服务是由信托公司参照普通民事他益信托的模式来推进。一般信托公司单个家族信托的门槛费在1000万元~3000万元不等，如果降低门槛，资金太少，信托公司会因管理费、服务费少而缺乏长期驱动力；而家庭信托资金是否足以负担得起孤独症障碍者生命全程所需的费用也是信托公司顾虑的问题。

一些金融机构的从业者明确表示不愿意开展这类信托业务："信托公司作为受托人只管钱不管事，更不能管命。信托是一种财务制度，涉及病和命的事我们都管不了，患病抢救需要钱，我们敢说放弃吗？这些事只能由监护人来决定。"（专业人士访谈资料7）

另外，如采取提存公证等模式，虽然能够保证资金的安全与拨付，但由于公证人员工作繁忙，从申请到交付需要办理各种手续，在手续费用有限的情况下，公证处是否有足够的积极性长期履行提存业务也存在着不确定性。

## 八、设立信托手续繁杂，面临诸多挑战

有专业人士指出：在特殊需要信托领域，家长要保证路径可行，至少要办好以下三份文件。

①一份公证遗嘱，遗嘱里面要有遗嘱监护条款；

②一份生前设立好的特殊需要信托，完成资金的投入隔离；

③一份需要经过公证的死后生效委托书，以保证遗产变卖的资金汇入到信托账户里去。①

可见，家长们面临着诸多有待解决的难题，不仅要为子女找到可信赖的遗嘱监护人或是社会监护机构，而且需要确认死后生效委托书的受托人，还需要找到专业的律师、公证员，更重要的是要找到有社会责任担当的信托公司担任受托人。为推动这些层面的有序运转，就需要建立非营利性的管家式枢纽服务平台，实现金融服务和实体服务的有效衔接，也就是要推动托养照料机构、社工、个案管理员、监护人、信托公司、监察人等形成信息共享、相互联动的机制，以确保孤独症子女受益。这些繁杂的问题和手续会使一些家长望而却步，徘徊不前。

## 九、家长金融知识的欠缺影响信托的设立

人的知识决定态度，态度又决定行为。同理，家长对信托的认知影响着他们对信托服务的利用。从本研究对北京、沈阳和柳州50岁以上孤独症家长的访谈来看，家长们对信托的了解程度比十年前有所提升。根据中国社科院社会学所的调查，2013年时大多数家长对"信托"一词还非常陌生，当访谈员介绍后，首先感觉到的就是"被圈钱"②。而今，家长们对"信托"并不陌生，但仍有相当一部分家长会把为孤独症家庭设立的身心障碍者服务信托等同于以营利为目的的

---

① 周玲.中国心智障碍者保障状况蓝皮书[M].北京：中国社会出版社，2020：244.

② 引自中国社会科学院社会学所内部资料——"心智障碍者长期照料与家庭财产（保险）等服务需求状况研究"课题调研终期报告。

商业投资信托。

"信托那东西可不敢买，这两年信托公司暴雷、跑路的事还少吗？让你买的时候都说得好着呢，保证本金还给利息、有收益，可实际上现在国家连银行存款都不保了，还能保你的信托？！到时候人家卷包跑了，咱哭都没地方哭去！"（家长访谈37）

也有的家长在座谈时提出："您说在信托公司买的信托和咱们要买的信托不是一回事，可这不就是同一家信托公司卖的两个不同的产品吗？我们这样的家庭攒点钱太不容易了！我可不想拿这些养老、保命的钱去冒险！"

在对北京家长的焦点组访谈中，当问及他们是否买了公益保险产品时，有的表示"不清楚""没听说过"，有的则说："还有公益保险？保险不都是商业保险和社会保险吗？我现在给孩子缴的是社保，如果要是上公益保险是不是能少缴点？也能起到一样的保障作用吗？"

当具体问及"是否听说过安心工程、平安心智保"等专门针对心智障碍者的公益保险时，有的家长表示"没听说""没注意"，有些家长表示"听说过但没有买"，其原因是"觉得没什么用，买这些保险你得年年交钱是真的，可将来还说不定怎么着呢"，也有的家长"担心理赔难"或是"解决不了实际问题"。

由此可见，像北京这样经济发达的一线城市的家长尚且如此，三四线城市和农村的孤独症家长的金融知识就更加匮乏了。"心智障碍者家庭的金融素养整体不高"，"监护人中大部分人的金融知识欠缺，金融技能和管理能力不足"的现状也在相关学者的实证研究中得到印证[1]。

家长普遍缺乏金融知识，亟须通过金融服务的支持，帮助他们做出正确的决策，这也是实现孤独症障碍者未来保障与安置的前提。

---

[1] 周玲. 中国心智障碍者保障状况蓝皮书 [M]. 北京：中国社会出版社，2020：119.

## 第八节 政策建议与家长行动策略

### 一、国家立法层面

1. 修订《信托法》,促进特殊需要信托的健康发展

法律是实现源头维权的有力武器,也是解决孤独症障碍者未来安置的法制保障,但从目前实践发展上看,现行的《信托法》等相关法律法规已不适应我国社会经济的持续发展,也难以满足孤独症等心智障碍群体未来安置的需要。为此,建议完善《信托法》等相关法律对信托财产登记的具体要求[①]、对特殊需要信托群体的税收优惠政策,以及对私益信托的监督,通过完善相关的法律法规,确立特殊需要信托的法律地位,丰富残疾人的信托类型,明确操作标准和责任分工,以发挥特殊需要信托在成年监护、养护照料方面的优势和功能。

2. 尽快制定《民法典》遗嘱信托实施细则

《民法典》首次明确了遗嘱信托的概念,但从目前的法律规定来看,只有委托人去世遗嘱信托才能生效,此时受益人并不掌握财富,尤其是当受益人是孤独症障碍者时,他就处于更加弱势的地位。为此,亟待通过制定遗嘱信托、遗嘱监护的实施细则加以规制,以确保受托人如约、合理地执行遗嘱信托计划,履行受托人的特殊义务和责任,保证遗产、遗产管理人与遗嘱内容的有效衔接和相关的权、责、利的落实。

---

① 宋快,周宗奎.孤独症谱系障碍者未来安置的信托模式分析[J].绥化学院学报,2022,42(10):90-92.

## 二、政府层面

1. 强化政府在保障孤独症群体中的主导作用

从国家角度而言，保障成年孤独症群体生存发展的主体责任是政府，但我国对孤独症等特殊扶助群体的家庭福利和家庭支持政策尚且不足。父母和家庭承担着孤独症障碍者养育、监护、照料的无限责任，孤独症障碍者始终是"家庭人"而不是"社会人"。要改变这一现状，还需要通过制定有效的家庭支持政策，使孤独症障碍者完全由家庭照料转向对家庭提供照料支持，切实减轻家庭的照料负担。同时还应配套相应的财政支付和福利供给来体现国家责任和政府职能的主导作用。

2. 探索多元化的财产托管模式，满足不同阶层的需求

从对我国现阶段特殊需要信托发展的预判来看，这一信托类型在短期内还不能成为国家的一种金融惠民设计，无法满足大多数孤独症家庭的需求。虽然私益信托具有为孤独症障碍者提供个性化安排的优势，但在孤独症家庭中，工薪阶层与经济困难家庭占比较高，2020年发布的《中国心智障碍者保障状况蓝皮书》中的调查结果显示，有近40%的家庭2019年年收入在3万元及3万元以下，有近70%的心智障碍者家长表示其家庭负有债务。[①]这些家庭无力负担私益信托高额的服务费用，为此，面向中低收入孤独症家庭，使之能够享受税收优惠和政策扶持的信托模式成为当前我国迫切需要的制度设计。

为满足这些家庭的需求，国家应鼓励地方政府和国有银行为孤独症障碍群体设立专属账户，使这些家庭可以把收入和资产存入专属账户之中，并给予一定的特殊补贴，待父母离世后，由银行按照合同的

---

① 周玲. 中国心智障碍者保障状况蓝皮书[M]. 北京：中国社会出版社，2020：42，52.

约定将资金拨付其子女所在的机构或亲友,并由公权力机关负责监审,发挥国有银行对资金的监管功能和支出受限业务,使工薪阶层和中低收入群体也能享有无门槛的、安全的金融服务。对于经济困难的孤独症家庭,则可通过修订相关的法律法规,设立由政府兜底的公益信托,由政府部门担任公共受托人,提供差额补助,设置完善的风险补偿机制,为孤独症群体提供保障性信托,促进多元化需求的满足,切实增进这一群体的安全感、幸福感。

3. 构建具有中国特色的特殊需要信托服务体系

近年来,伴随我国意定监护制度的实施和孤独症障碍群体权益保障的发展,特殊需要信托受到关注,并在实践层面上有所突破。鉴于构建特殊需要信托服务体系,有助于整合政府、市场主体与社会组织的力量,形成解决社会民生痛点问题的合力,建议政府在借鉴国际经验的基础上,将特殊需要信托制度、社会救助制度和成年监护制度的变革,作为落实党的二十大"完善残疾人社会保障制度和关爱服务体系"的重要内容,进行统筹谋划,探索构建我国特殊需要信托的总体框架、准入规则和资金安全保障等,彰显我国人权保障与社会文明进步的成果。

4. 采取措施,支持保险与信托金融服务的发展

伴随我国孤独症障碍者年龄和数量的增长以及他们对未来品质生活的需求,国家应该在实行兜底保基本的同时,采取多元化的措施,支持"商业保险机构开发残疾人商业保险产品、财产信托等服务",把《"十四五"残疾人发展规划》落到实处。

(1) 鼓励特殊需要信托的发展

国家对开展特殊需要信托的受托公司应给予加分评级权重鼓励,

加强对从事意定监护、提存公证等业务机构的支持，以解决信托门槛低、资金量少、事务性工作多，信托公司无法长久盈利的问题。

（2）活化社会资源，激发市场活力

对孤独症和其他身心障碍者信托管理的税收应给予优惠，对相应的信托产品给予必要的税费减免，对用于孤独症/身心障碍者自行居住的房产交付纳入特殊需要信托时不参考买卖过户交易，以解决不动产作为信托财产税费过高的问题。

### 5. 完善信托监察人制度，提升信托公信力

监督监察在信托服务中尤为重要，为此各国法律都赋予受益人对受托人的监督权利，对特殊需要信托受益人无法履行监督权利的，多由政府行使监管职责。我国也应学习借鉴这一做法，由民政或司法等公权力机关担任信托监察人，以增强特殊需要信托的公信力。同时还应加强对信托监督机制的探索，制定严格的监督程序，规定受托人与监察人互相监督的权利与义务。

### 6. 建立多部门合作的工作协调机制

服务信托体系的构建是一项多部门合作的民生系统工程，需要银保监、民政、司法、税务等部门以及社会组织和家长的共同参与，因此，有必要在国家层面做好顶层设计，在试点地区建立多部门合作的工作协调机制或管理委员会，共同谋划、协调行动，以促进多元化服务信托体系的构建。

## 三、研究层面

### 1. 加强对具有中国特色的特殊需要信托制度的研究

近年来，特殊需要信托逐渐进入学界和社会的视野，但国内对构

建什么样的特殊需要信托存在着不同的认识。一些学者提出建立本土化的成年监护特殊需要信托制度，主张在现有监护规则的基础上，配以特殊需要信托的运作模式，弥补现有成年监护规范的欠缺，发挥监护和信托在保护成年身心障碍者方面的双重功效；也有的研究者认为，引入特殊需要信托制度，要由职业受托人为被监护人提供专业化服务，以顺应成年监护事务专业化、监护人职业化的改革趋势；也有的主张，通过信托财产的保值增值，将剩余信托资金通过"补偿条款"减轻国家的财政负担，等等，如此种种，都需要增强对具有中国特色的特殊需要信托制度的研究，以惠及更多的对生命与财产托付有需要的弱势群体。

2. 以科际整合的方式深化研究成果

特殊需要信托研究不仅涉及法律、财务制度，还涉及社会保障、公共政策、残疾人研究等多个领域，为此，建议相关部门组织开展多学科、跨学科的研究，加强不同学科之间思想的碰撞、交流与研讨，不断深化这一领域的研究，形成有分量的理论研究成果，促进信托业健康发展。

## 四、信托层面

金融信托机构应进一步发挥信托风险隔离和财产保值增值的功能优势，弥补监护人在财产管理能力方面的不足，防止监护人滥用监护权利，确保信托财产能够按照委托人的意愿真正用到孤独症障碍者身上。

加大创新力度，逐步健全特殊需要信托管理规范和办理流程，在定期定向拨款，解决财产托管问题的同时，还应通过金融信托业和社会服务业的创新融合，延伸服务链条，为孤独症障碍者提供专业化、个性化、综合性的人身照护与财产服务，弥补现行监护制度、信托制度之不足。

借鉴国际社会的成功经验，开发个性化、多样化的信托产品，构建链接政府公共政策、金融信托主体和服务提供者的全产业链生态系统，帮助特殊需要家庭做好心智障碍者的未来安置规划，实现既定人身、财产安排的制度创新，构建真正的安全幸福之港湾。

## 五、组织层面

近几年来，我国心智障碍者家长组织发展迅速，它们在加强对孤独症群体的意愿表达，解决孤独症家庭最急难愁盼的事情上积极行动，推动了国内特殊需要信托的落地和相关政策的出台，但从推进我国特殊需要信托服务的长期发展来看，家长组织仍需在以下方面发挥不可替代的作用。

### 1. 发挥组织优势，助力孤独症家庭对安置问题的解决

在访谈中发现，不少孤独症家长对所在的家长组织有很强的归属感和信任感，家长组织应进一步发挥易于联系孤独症家庭的独特优势，深入了解孤独症家庭的财产托付需求，组织家长分享安置经验，交流安置策略，不断提高家长的金融素养和安置能力，帮助孤独症家庭解决他们最关心的问题。

### 2. 增强服务职能，使个性化的信托服务落到实处

家长组织可以针对国内特殊需要信托服务的重点和难点，积极链接各类资源，协调各方形成良性服务运行机制。以特殊需要信托服务为载体，加强对个案管理员和专业社工的培养，使个性化的信托服务真正惠及特殊需要家庭。

## 六、家长的行动策略

### 1. 学习金融知识，做好家庭财产规划

孤独症家庭的情况千差万别，经济条件不一，为了子女的未来，家长需要了解和掌握基本的金融知识，尽早做好家庭的财务规划和必要的资金筹备。对于有条件设立信托的家庭，家长要能够运用现代金融工具，安排好身后事。工薪阶层的家长则可以学习并掌握财产管理方面的金融知识，结合家庭实际情况，做好财务规划，开源节流，聚沙成塔，在筑牢家庭基本保障的基础上，逐步实现资产的保值增值。对于无力购买信托产品的家庭，家长也可购买心智障碍者的专属公益保险，这样既有利于抵御可能遭遇的风险，也有利于为孩子未来的生活多提供一份保障。

### 2. 以务实的精神破解安置困局

本次调研发现，家长在成年孤独症子女安置问题上的迷惘和焦虑是普遍存在的，究其原因，这固然与国家的政策保障和社会支持不足有关，同时也与部分家长的期望不够现实有关，如把孩子的安置完全寄托于政府政策的完善、托养服务质量的提升和缜密完美的信托规划上等。这些不切实际的期望加剧着焦虑，无助于破解当前的安置困局。

从目前我国社会发展和对残疾人群体的保障规划看，推动政府出台具有普惠性的特殊需要信托制度还需要经历一个较长的过程，家长对政府兜底保基本的方针应有一个清醒的认识，不能将倡导政府的战略目标，作为孤独症子女未来托付的现实基点。

具体到现有的各类信托金融产品，都是各有利弊。世界上没有十全十美的产品，家长在购买信托或金融产品时，只能是择优汰劣，根

据自家的情况做出决策，适合的就是最好的。

孤独症障碍者的安置是世界性难题，对于父母离世后其子女未来生活的安排，包括托养照料服务和对品质生活的规划，都难以尽善尽美，特别是在资产与服务的各种衔接和转换尚存风险的情况下，家长必须面对现实，不能用愿望思维来谋划安置问题。即使是再完美的规划，也无法确保实际执行中的零风险。因此，有可能完美的是规划，不完美的才是人生！

对于不少担心设立了遗嘱、信托之后又会发生变化的家长则应认识到，世界上唯一不变的就是变化本身。孤独症障碍者的后半生也必然会存在不断变化的需求，这是一个需要相关服务不断调试和改进的过程，因此不能因为畏惧变化而停滞不前，尤其是老年家长宜及早规划，未雨绸缪，并适时地根据孩子和家庭的变化，逐步调整、完善遗嘱或信托的内容，以此来破解安置困局。同时，家长也不要期望能够安排好孩子未来的一切，这不现实，因为即使是家长或健全人也无法完全把握、掌控自己的未来。总之，作为父母要不离不弃、尽职尽责，至于自己在世时都无法办到的事情，就不要期望在离世后会一一实现，要勇于接受现实、接受变化。

### 3. 树立达观的人生态度

人生在世，每个人的人生都不会是一路坦途、顺遂如意，作为孤独症障碍者的父母必然会比常人遭遇更多的坎坷。唯有树立达观的人生态度，生活才能不被压力和焦虑占满。家长作为照顾者要重视自我关怀，自我开解，首先要过好自己，孩子才有依靠。无论家庭经济条件如何，都要先安排好自己的生活，因为大人安好，孩子才有晴天。与其纠结于"我走了，孩子怎么办？"不如坚信"只要我活着，孩子就好办"。家长的自我关怀、自我鼓励，对于克服预期性焦虑和负性思维的困扰具有重要意义，可以提升家长应对困难的能力，更好地照料家人。

孤独症家庭对于生活和财务的规划应以不影响目前的基本生活为前提。即使是经济条件欠佳的孤独症家庭，年迈的父母也不应以牺牲自己的健康为代价拼命攒钱。从本研究对公办和民办成年养护机构的调研结果来看，同一个机构中，无论家庭条件是富足的还是一般的、父母健在的还是离世的，孤独症障碍者的生活品质差距并不大，居住条件相同，伙食无差别，基本生活有保障。因此，孤独症子女的父母应珍惜当下，认真过好每一天。把过好生活本身作为一种疗愈，在尽人力的同时，不总是为没有发生的事而忧虑，重要的是安顿好自己，陪伴孩子走向更远的未来。

大量的心理学和行为学研究成果与实践证明，帮助他人，为障碍者群体的处境和社会环境的改变付诸行动，也是疗愈自己的良方。当把爱与善意传递给他人的时候，就会更容易打破人生的困境，增进自身的价值感。

在对各地的调研中，感受最深的是家长群体的成长，他们用行动化解忧虑，用信念支撑家庭。有越来越多的家长认识到，快乐是一种能力，是一种达观的生活态度，让孩子和家人快乐才是生活的真谛！

# 第四章 托养照料篇

由于孤独症障碍者无法独立于世，父母离世后他们大多需要他人长期的生活照料。研究发现，孤独症障碍者的生存质量如何，最重要的还是取决于年复一年的日常生活照料情况。为此，本部分重点围绕孤独症障碍者的托养服务和未来的生活状况加以探讨。

## 第一节 托养服务的定义与家长的认识

### 一、残疾人托养服务的定义

调研中发现，对残疾人托养服务的认识，国家的界定和残疾人家人的认识有很大的不同。本研究对孤独症障碍者托养服务的探讨以国家的托养服务定义为依据。

根据2020年正式实施的《就业年龄段智力、精神及重度肢体残疾人托养服务规范》，"残疾人托养服务是指为就业年龄段智力、精神及重度肢体残疾人提供生活照料及护理、生活自理和社会适应能力训练为主，辅之以运动功能训练，职业康复与劳动技能训练的服务"。

这一概念中的就业年龄段是特指16～59周岁，60周岁及60周岁以上的残疾人则属于残疾人养老服务范畴，不在托养服务范围之列。托养服务的对象包括智力残疾人、精神残疾人和重度肢体残疾人三类。孤独症障碍者属于精神残疾人类型，但从全国残疾人的持证情况看，有不少孤独症障碍者持有的是智力残疾人证或多重残疾人证。

## 二、残疾人托养服务的目标

残疾人托养服务的目标包括三个递进的层级，最基本的目标是为残疾人提供基本护理照料服务，改善残疾人及其家庭的生活质量；其次是在此基础上，通过生活自理和社会适应能力训练，减少他们对家庭和社会的依赖；最后是通过职业康复和劳动功能训练，实现辅助性就业和支持性就业，促进他们生活自立和融入社会。

## 三、残疾人托养服务的方式

目前国内残疾人托养服务的方式主要包括寄宿制托养服务、日间照料服务和居家服务三种。

### 1. 寄宿制托养服务

寄宿制托养服务是指服务对象 24 小时集中居住并予以提供照料的模式，通常包括机构集中住宿和社区家庭生活。

### 2. 日间照料服务

日间照料服务是指在残疾人居住的社区或周边，就近、就便地为他们提供日托照料的服务模式，如街道的温馨家园、职业康复站等。

### 3. 居家服务

居家服务是指一定的组织或是机构，以合适的方式为分散居住在家庭和社区中的残疾人提供定期上门服务。

## 四、家长对托养服务的认识与关切

在对各地的调研中发现，家长们认为的托养服务和上述国家定义的托养服务概念并不相符。如国家定义的残疾人托养服务是指为16～59周岁的残疾人提供的寄宿制托养服务、日间照料服务和居家服务,而家长们认为并急切呼吁的托养服务则是指为成年残疾人提供的24小时的寄宿制托养服务,并不包含日间照料和居家服务。

在对成年孤独症家长的焦点组访谈中,家长们道出了自己的看法:

"托养就是托付别人或是机构照管孩子吃喝拉撒一天的生活,温馨家园和职康站这种日间照料机构一天也就去两个小时,怎么也能叫托养服务机构呢?即便是有来家里做家政的也不能叫居家托养服务啊,她连我们孩子都没见过。我一直以为上门免费做保洁是民政部门对我们有伤残子女家庭的特殊扶助呢,从没和残联的居家托养服务挂上钩啊!"

"我们在的时候不需要把孩子托出去,毕竟我们还能照顾;要是我们走了,孩子就只能去机构了。可现在能接收成年孤独症的寄宿制托养服务机构太少了!政府再不考虑这些事,过些年等我们不在了,真不知道孩子能去哪儿?"

"现在的温馨家园(人)只能待到50岁,到岁数就得走人,如果按政府规定的,托养服务对象是到59岁,那剩下的9年不就更没处可去了?到那时,我们在不在世还两说呢!"

"是啊,按国家讲的,托养年龄段是从16岁到59岁,那要是这些孩子活到七八十岁怎么办?去养老院吗?有没有能接收成年孤独症的养老院?反正我现在了解到的养老院都不收成年孤独症。"(家长焦点访谈资料)

可见,对国家定义的托养服务概念家长们并不理解和认同。调研中发现,尽管他们中的很多人没有享受过居家服务,日间照料机构也没能给他们提供一个所期待的喘息之机,但他们对这些问题的解决并没有那么急切,最令他们心心念念的还是寄宿制托养服务的匮乏,因为这一托养服务方式被家长们赋予了托付"身后事"的意义，他们时刻在为解决孩子未来的生活照料和居住问题而焦虑。

托养服务问题涉及上千万孤独症障碍者的未来，无论对托养服务的认识，还是目前托养服务的现状都是由我国残疾人托养服务发展的历史进程所决定的，因此，有必要对这一发展历程进行回顾与梳理，以利于我们对现有残疾人服务政策的检视与顶层设计。

## 第二节 我国残疾人托养服务的发展历程

我国自古就有"鳏寡孤独废弃者，皆有所养"的社会理想，但在漫长的社会发展进程中，残疾人供养一直是以家庭为主，成为家庭的沉重负担。

根据本项目所做的文献研究，自20世纪80年代开始，我国残疾人托养服务业先后经历了探索前行、开拓发展和走向制度化、规范化建设三个发展阶段[①]。

### 一、探索前行阶段

1988年中国残疾人联合会的成立促进了残疾人托养服务的发展，各级残联组织开始依据国家政策为残疾人提供生活保障，但此时的保障多以物质保障为主，提供服务较少。

直至21世纪前后，随着我国经济社会的发展和综合国力的增强，在经济发达的广州、上海和杭州等城市开始探索由国家和社会负责承担的残疾人托养服务模式，即通过建立残疾人安养院，提供全托式的生活照料和健康维护，使残疾人保障逐步走出家庭，进入社会化服务

---

① 详见中国残疾人联合会编的《残疾人托养服务理论与实践》和周玲主编的《中国心智障碍者保障状况蓝皮书》等研究专著。

模式。这种全日制的寄宿制托养服务，集托养托管、教育培训、职业康复为一体，为残疾人社会化托养服务探索了路径。

## 二、开拓发展阶段

2007年，中国残联在广州召开了第一次全国残疾人托养服务工作会议，会议正式将为残疾人提供的特殊保障服务命名为"托养服务"，并明确了托养服务的基本原则和服务的对象。这次会议成为残疾人托养服务在全国启动的里程碑。

此后，各省区根据本地的实际情况，依托已有的公共服务资源，开展了多种投资主体、多种服务主体、多种服务形式和服务内容的托养服务。从2007年到2012年，残疾人托养服务机构从最开始的不到1000家迅速发展到7275家，服务残疾人数量达到170万人次，标志着残疾人托养服务取得了突破性进展。①

这一阶段的开拓发展主要得益于国家法律政策的支持和专项资金的投入。如2008年新修订的《中华人民共和国残疾人保障法》将残疾人托养服务纳入其中，提出"国家鼓励和扶持社会力量举办残疾人供养、托养机构"。同年，各级残联根据《中共中央、国务院关于促进残疾人事业发展的意见》（中发〔2008〕7号），开始全面搭建残疾人托养服务的政策框架与服务体系。2009年8月，中国残联办公厅和财政部办公厅联合下发了《关于印发〈阳光家园计划〉的通知》（残联厅发〔2009〕14号），各级政府以专项资金投入为主推动托养服务的发展。

2010年，国务院通过转发《关于加快推进残疾人社会保障体系和服务体系建设的指导意见》，首次明确将残疾人托养服务列为残疾人服

---

① 中国残疾人联合会. 残疾人托养服务理论与实践. 北京：华夏出版社，2019：39.

务体系的重要组成部分，体现出国家托养服务政策从强调基本护理照料逐渐转向提供促进残疾人生存发展的综合性支持服务。

## 三、制度化、规范化建设阶段

2013 年，我国正式启动残疾人托养服务的规范化管理，出台了《残疾人托养服务机构建设标准》。2018 年，民政部等部门出台了《残疾人服务机构管理办法》，明确规定了各级残联对残疾人服务机构负有主要监督责任。2019 年 6 月，国家市场监督管理总局、国家标准化管理委员会又颁布了《就业年龄段智力、精神及重度肢体残疾人托养服务规范》，该标准是在中国残疾人服务领域出台的首个国家标准，于 2020 年 1 月 1 日正式施行。这些制度建设促进了残疾人托养服务行业的规范化发展。

根据 2022 年《中国残疾人事业发展统计公报》，我国已有托养服务机构 8174 个，其中寄宿制托养服务机构 1458 个，日间照料机构 3708 个，居家服务机构 1646 个，综合性托养服务机构 1362 个，为 58.1 万残疾人提供了托养服务，为 43.7 万残疾人提供了居家服务。

综上所述，我国残疾人托养服务经历了从无到有，从以医护照料为主转向以促进独立生活和社会融入为主；从以阳光／温馨家园项目为主到以托养服务制度建设为主的发展历程，逐步建立了以居家托养为基础、社区日间照料机构为主体、寄宿托养机构为支撑的残疾人托养服务体系，初步形成了投资主体多元化、服务层次多样化的残疾人托养服务格局。[1]

在"十二五"规划期间，残疾人托养服务被纳入社会保障制度和国家的基本公共服务之中，成为国家的一种制度安排。

---

[1] 中国残疾人联合会. 残疾人托养服务理论与实践 [M]. 北京：华夏出版社，2019：34-44.

## 第三节 成年孤独症托养服务的现况

尽管自 2007 年残疾人托养服务在全国启动以来，在这一领域政策发展和财政支持都有了明显的进步，但由于我国托养服务起步晚，残疾人基数大，托养服务的供给还远远不能满足残疾人的服务需求。

根据《中国残疾人事业发展统计公报》2017 年 11 月的数据，我国享有托养服务的残疾人比例约为 9.42%，而需求比例达到 32.72%，全国还有 95.57 万残疾人连续三年有托养服务需求但未能得到服务。特别是在托养服务对象中，精神残疾人对寄宿制服务的需求是最高的，是智力残疾人的 1.16 倍，是重度肢体残疾人的 2.18 倍，而满足率却是最低的。

从孤独症这一特定的残疾类别看，近年来，无论是托养服务机构还是接受这一服务的孤独症家庭，都深刻地感受到托养服务面临的挑战。由于目前我国尚缺乏对成年孤独症群体托养服务的数据统计，故本项目仅就实地考察调研中了解到的情况做出梳理和分析。

### 一、寄宿制托养服务

我国孤独症谱系障碍诊断有 41 年的历史，因为这是一种新的残疾类型，第一批孤独症儿童成年后所在的托养机构多是原先为智力障碍者提供服务的老牌机构，如慧灵智障人士服务机构、北京市丰台区利智康复中心、北京市朝阳区玉华残障人士康养服务中心、成都善工家园助残中心等。随着成年孤独症障碍者的不断增多，寄宿制托养服务的需求加大，一些接收孤独症障碍者的全日寄宿制托养服务机构应运而生，如本次调研考察的厦门市爱慧自闭症康复中心、常州天爱自闭症职业教育学校、贵阳市爱心家园大龄部、唐山星愿孤独症服务中心、北京市中港汇晟儿童行为矫正中心等。这些托养服务机构各具特色，富有新意，弥补了政府基本公共服务的不足，解决了一些孤独症家庭的后顾之忧。考察对象中不乏有一些由孤独症孩子家长创办的最初针对孤独症儿童的服务机构，随着孩子年龄的增长，逐步开始接收大龄和成年孤独症障碍者，但这类机构总体规模较小，多为民办。

从本次调研的结果来看，针对大龄/成年孤独症障碍者的寄宿制服务虽然经历了从无到有、从小到大的发展，但与日渐增多的成年孤独症障碍者的数量和日益增长的服务需求相比，能够提供寄宿制服务的机构仍然是寥若晨星，难以满足他们康复托养的需要，并且可以预见，这一供求矛盾还将随着成年孤独症障碍者父母的老去进一步凸显。

导致成年孤独症托养服务匮乏的原因是多方面的，心智障碍者组织发展教练张巍先生在谈及成年心智障碍者服务荒芜的原因时指出："做成年服务的，现在你在全国，扒拉着手指头去数，总共就没有几家机构。最近这几年，小龄康复机构备受资本关注，每月开几家新店，而选择做成年服务机构的非常之少。原因也很简单，因为按照商业逻辑，做成年服务的机构，根本就看不到希望。无论是政府、公益组织和家庭都把资源投向小龄康复。"[①]

除商业利润和运营成本的失衡之外，提供成年寄宿制服务的风险之大，也令机构的创办者感到不安。

### 1. 民办成年孤独症寄宿制机构创办者的感受

访谈中，孤独症服务机构的创办人 L 先生说："送到我们机构来的

---

① 张巍，《成年心智服务荒芜的原因》，详见小宇宙 APP 直播课（2021 年 2 月 27 日）。

成年孤独症大多是程度比较重的，大龄寄宿制机构的成本高、风险大。小龄机构的师生比可以是1/3至1/5，而大龄就要1/2至1/3。即使这样，当一个成年孤独症闹起情绪发生状况时，我们几个女老师也控制不住。他大小伙子一拳打过来，老师的门牙就活动了，抬手一拳砸到老师头上，就轻微脑震荡了，可人家还都没结婚呀！所以我从开始接收成年孤独症，就赶紧聘请了精神科医生，给老师们也全上了保险。"（机构负责人访谈3）

实际上，成年寄宿制服务机构的风险不仅存在于老师和学员中，也同样指向机构的负责人。

"办成年机构有一个特别大的问题，就是我每多收一个孩子，感觉自己就往弱势群体里又多迈了一步。有的父母不在了，监护人就是他们的近亲属，平时他们不管不问，有的过春节都不来探望。可这孩子要是在机构里有一点儿事，立马就找你理论来了，感觉自己整个一个弱势群体，不知上哪儿维权去！现在我这儿最大的孤独症都年近半百了，随着岁数的增长，各种疾病肯定也会越来越多，将来万一要是在机构里发生了什么事，我还真不知怎么才能和监护人处理好！一想起这些我就头皮发麻，一点儿没有安全感，办机构的和进机构的一样都是弱势群体。"（机构负责人访谈5）

另一位地处西南的机构的创办者，她也是位成年孤独症的妈妈，她坦言："绝大多数孤独症家庭经济上都很困难，一个月一两千元的学费已达到他们的承受极限。虽然近年来地方政府也给予机构一定资助，但远远无法维持机构的基本运转。6年来，我们中心连年亏损，已亏损58万元，老师们工作累，收入低。我也常常会冒出一关了之的念头，但家长们都希望能办下去，我们都是普通人，如果我的孩子不是孤独症，我根本坚持不下来，现在能撑一天算一天。"[1]

可见，从机构创办者和服务提供方的角度而言，成年寄宿制机构的服务成本高，风险大，一些民办机构运营亏损已成常态，同时服务对象的年龄跨度大，需要提供的护理照料更加复杂多样，这都成为成年孤独症托养服务机构面临的挑战。从本项目对一些省市的调研结果看，由于公办机构的缺乏，进入寄宿制服务机构的孤独症障碍者主要集中在民办的机构之中。

2. 家长和孤独症障碍者对寄宿制托养服务的态度

本项目通过对60岁左右成年孤独症母亲的访谈，了解到部分家长对寄宿制托养服务的看法。

"我孩子是重度孤独症，送机构寄宿已经好几年了，已经适应那里的生活了，可我最近还是准备改日托了。不全是从经济上考虑为了省钱，主要是看他们白天看电视，吃完晚饭没事干、排排坐，觉着这还不如饭后我带着他散步遛弯呢！"（家长访谈4）

"我让孩子住机构不是因为我心狠，而是孩子跟孩子不一样，我儿子是重典低型的，他要是整天在家里折腾，我这一把年纪根本受不了，得早早被他折磨死，我死了他不就更没好日子过了吗？送到机构以后，在家改不掉的坏毛病到那儿全改了，还学会了切菜、洗衣服，跟着机构组织去外地旅行，能力提高了不少，情绪也比以前在家时稳定了，关键是他现在也挺愿意去，我也有了时间，终于能安排自己的生活了。"（家长访谈14）

"我觉着现在的成年托养服务机构少是少，但肯定也有吃不饱缺生源的。像我们退了休有时间的，除非孩子的障碍程度是特别重的，要

---

[1] 《大龄孤独症患者，父母走后"托付"给谁？》，详见"孤独症资讯"公众号（2022年8月24日）。

不谁还把孩子送到机构里去啊！我就是想趁着自己还带得动，多陪孩子过几年，将来我们做父母的一走，他们下半辈子不都得在机构里度过吗？！"（家长访谈29）

从以上的访谈中可以看出，家长对寄宿制机构的服务品质满意程度以及孩子的障碍程度，是影响托养服务利用的重要变量。事实上，目前在寄宿制服务机构中托养的多为中重度、家中无力照料的成年孤独症。

"我认为有妈在，送寄宿就不是必须的，现在北京的寄宿机构一个月要6000多，还不算周六、日两天的花销。退休后本来挣钱的地儿就少了，随着上了年纪这一身的毛病，花钱的地儿是越来越多！虽说钱不是万能的，可咱这特殊家庭没钱是万万不能的，咱们难的时候还在后头呢！我这点积蓄、老本尽可能先不用，将来我们走了，孩子送机构每月至少要好几千，没钱能行吗？！"（家长访谈29）

"我是觉着孩子都30多岁了，也就这样了，不像小时候，精细动作啦、语言啦，还能训练出来。这都成年啦，早就定型了，你送机构还指望着机构能把他训练成什么样？当妈的自己努力都做不到的事，就别要求人家机构了。其实，他在家也挺好的，一天到晚也能帮我干不少事。有时都觉得不是他离不开我，而是我离不开他了。"（家长访谈2）

可见，对家庭未来支付能力的考量、家长对感情陪伴的认知以及对孩子未来发展的判断等，也是影响成年孤独症生活居住方式的重要因素。从现实状况看，大部分中、轻度成年孤独症还是以居家为主的。

成年孤独症是寄宿制托养服务的实际接受者，为此本研究重点征询了三位目前居家的成年孤独症人士对将来入住机构的意愿，其中有两位快速、明确地表示了"不愿意"和"不喜爱",另一位则明显地显露出紧张和不安:"我以后再去住,现在不能去!"经深入了解后,三个人给出不愿意入住机构的理由分别是担心"不能随便出门"、"吃不上想吃的东西"、"怕不让总蹲厕所"。尽管他们的理由各异,却都给家长对孩子的未来安置提出了严肃的命题。

调研中也不乏有家长打听本地都有哪些能接收孤独症障碍者寄宿的机构,政府能给多少补贴,自己需要承担多少费用,等等,特别是一些单亲或在职的母亲,由于上有老下有小,寄宿制机构又多远离城区,每天疲于奔命的她们难以获得相关的政策和信息,更难有精力去实地考察机构的服务。

## 二、日间照料服务

日间照料服务是指采用在社区或就近、就便日托的照料模式为残疾人提供托养服务。在各类托养服务机构中,日间照料机构的占比是最高的。根据中国残联发布的数据,截至2022年底,我国残疾人日间照料服务机构虽然受新冠肺炎疫情的影响从2019年的5311个降至3708个,但仍远远高于寄宿制托养机构的1458个。[①]

各地的温馨家园、职业康复站、民办康复机构、就业帮扶基地等,虽然称谓各异,但都是残疾人日间照料的主要场所。近些年这些日间照料机构通过地方政府和残联的政策扶持与综合改革逐步获得发展,如北京市的温馨家园的数量从2012年的346家增长到2022年的666家,并制定了明确的星级评估办法,服务质量不断提高,在赋能孤独症障碍者的同时,也减轻了一些家庭的照顾负担。

按照国家颁布的残疾人托养服务规范,日间照料服务是残疾人托

---

① 数据源自中国残疾人联合会——《2022年残疾人事业发展统计公报》。

养服务的三大方式之一，主要服务内容是提供社会适应能力、职业康复与劳动技能的训练。

本项目通过访谈温馨家园/职康站的孤独症障碍者、家长和职康站站长与工作人员了解日间照料服务的状况。

1. 家长对日间照料服务的感受与评价

"我孩子2008年特教学校毕业以后没地儿可去，我又上班，就把他送到温馨家园了。一开始感觉很差，活动的地方在地下，见不到阳光，老师也是上了年纪的大妈，根本不懂自闭症，学员什么残疾的都有，大约有十七八个。刚去时，看到老师在教他们10以内的加减法，都是我儿子学龄前就会的，心情很沉重，可也很无奈，总得让他出去接触社会、接触点人啊！不能总是在家里待着。"（家长访谈17）

"各个区的温馨家园也不一样，有全天的也有半天的，我孩子在的职康站也就那么回事，每天在那儿能有两个小时，有时打打扑克、唱唱歌，有时做做卫生、画画画，比在家里待着强，但要想有针对性的康复训练是不可能的。职康站里二十来个孩子，15年了，只有一个轻度智障的女孩从这儿出去到一家宏状元店就业了。我担心的倒不是能不能就业，是职康站只能待到50岁，50岁以后就不让来了，现在我儿子在的职康站就有两个年满50岁的学员不让来了。"（家长访谈44）

"我儿子待的就业帮扶基地现在还挺不错，刚去时不行，那时的老师总哭丧个脸数落这帮孩子，现在的老师也逐渐年轻化了，虽然也不懂自闭症，可带孩子们外出活动的时候多了。有时候还能揽些活来做，装颈椎枕，做机绣、人工耳蜗和钻石画。政府办的机构不收费，有时每天还能给几块钱出勤费。我也没指望他在这儿能康复成什么样，可这些年下来，他在集体环境中至少是有约束、懂规则了，生活也有规律了。"（家长访谈42）

访谈中一些家长诉说了他们送孩子去职康站和温馨家园的遭遇："能进职康站的孩子就很幸运了，我们这儿的职康站根本就不收自闭症，只收智障的。我找他们，他们说，自闭症的情绪问题太多，我们管不了，他发起脾气来，伤了自己、伤着别的学员我们都没法交代。"（家长访谈 45）

在对一线城市家长的调研中，也发现有家长反映温馨家园不接收孤独症障碍者的情况。

"我们这个区算是各种福利补贴和残疾人服务最好的了，可温馨家园也不愿意收精神障碍的。我找街道负责人，你猜她说什么，你去找心智障碍的家长组织啊，他们那儿有组织精神病、自闭症活动的。"（家长访谈 21）

"温馨家园一开始也不要我孩子，我就找他们多次争取，他们后来松口说，要来也行，但是你得跟着，要不发生了什么情况我们可处理不了！我就答应说行，我天天陪着去，也帮他们老师干事。后来时间长了，我把孩子送过去，再去办自己的事，他们也不说什么了。我们自闭症家长不是因为有了机会才去争取，而是因为争取了才有机会。"（家长访谈 33）

由此可见，日间照料机构对残疾人采取的是差别化接纳的策略，这种现象在多地的访谈中得到印证。总体来说，孤独症障碍者比智障人士更容易遭到排斥，即使是能够进入日间照料机构的成年孤独症也是以轻度的居多。

"我们这能去职康站的都是轻的，每天活动两三个小时，对能独立出行的孩子来说去职康站还有点意义。这不能独立出行的，靠家长来回接送还不够累的，根本就得不到一点儿喘息的机会。"（家长访谈 15）

"我孩子倒是在职康站，这职康站说是日间照料机构，实际上只有两个多小时的活动时间，孩子早上9点去，11点多回来，遇上刮风下雨、下雪变天都不让去，说怕路上出事。遇到孩子有点情绪问题了，就立马通知家长说，这半个月先别让孩子来了，三天打鱼两天晒网的。2020年又赶上疫情，说他们这些人防护能力弱，基本就没让去。实际上进了职康站也没减轻我什么负担。"（家长访谈12）

对接受访谈的大多数家长而言，他们并没有把职业康复站/日间照料机构当作帮助孩子实现就业的一个途径，而是希望它能使自己获得一定的喘息之机。这与国家设立日间照料机构的初衷并不一致，家长从自身的角度赋予了日间照料机构与国家的设立初衷不同的功能和期待。

2. 对温馨家园/职康站工作人员的访谈

"我父亲是听障残疾，我干残疾工作与我父亲有关。这一晃就干了十六七年啦。原来每月工资只有一两千，谁愿意干啊？大家都没积极性。这些年温馨家园改革，我们也都学了社工，每月收入七八千，我挺知足的。我们这儿没有专业康复人员，我知道好多家长不满意，说到这儿来'就管看着别出事，孩子什么也学不着'，就觉着我们这活轻松好混。实际上我们一天到晚得应对上边各个口的检查，我们的工作有各种限制、规定，有填不完的各种报表、总结评估，弄得你一天头晕脑胀，那点精力都用在这上面了，哪有时间静下来好好琢磨孩子康复的事呢？"（机构负责人访谈1）

"我原来是工厂的，到了职康站才知道还有这么多这样的孩子。他们一个人一个样，我也不知道都是什么残疾，反正有脑瘫的、自闭症的，具体哪个孩子是什么残疾，我也说不清。可我们对他们的要求都是一样的，学的、教的、做的也都一样。"（机构负责人访谈4）

"我们这儿的经费都是残联拨付的，残联每月给每个学员拨1000多的费用，可以组织各种活动。我负责安排午饭，以前每人10块钱的标准，最近经过争取涨了一些，可也从来不敢让他们吃鱼虾、排骨什么的，怕他们卡着。有些家长抱怨我们这儿不好，可是孩子愿意来啊！刮风下雨我都通知不让他们来，可总有跑来的！想想他们这辈子也怪可怜的，您说，父母养这样的孩子能轻易闭上眼吗？"（机构负责人访谈2）

通过对日间照料机构工作人员的访谈得知，上级对日间照料机构的管理是多方面的，有来自街道、残联的，涉及财务、卫生防疫、消防安全，等等，职康站的负责人为应对各种检查，无法集中精力认真考虑学员的康复问题。职康站没有配备专业康复人员，一些在职康站工作了多年的老师仍不了解孤独症，甚至不清楚每个孩子是什么残疾类型。在他们看来，因为管理方法和对每个学员的要求都是一样的，并不需要辨别得那么清楚。

### 3. 孤独症学员的意愿和感受

调研中特别注意了解日间照料服务对象的意愿和感受。接受访谈的5位孤独症学员来自三个日间照料机构，其中有4人表示自己"愿意"到职康站，愿意的理由主要是"能参加活动"，尤其是对职康站组织的"采摘""参观"和"逛公园"等户外活动很感兴趣。访谈者能够从不太完整的叙述中感觉到他们很珍视职康站外出活动的机会，不会因为要"早起""路远""没人送"而放弃。对于没能参加上的外出集体活动，他们记忆深刻，会反复诉说，"可惜没去成"或表示"真遗憾！"一位表示"不太愿意"到职康站的学员则是因为"老师总说我""离家也远"。

在被访的孤独症学员中，还有两位特别表示出"很高兴"和"喜欢有客人来参观"，因为能和来参观的"客人"或"志愿者"聊天，这令他们感到愉悦。职康站的老师对他们的行为则感到诧异，说：

"这俩孩子不都是自闭症吗？怎么来个参观的人，他们比别的孩子还爱说，跟在人家身后车轱辘话说起来就没完了，这不也说明我们的孩子都康复了吗！"

孤独症学员们的感受反映出他们的需求，职康站/温馨家园也可以从中发现今后工作努力的方向。

## 三、居家服务

居家托养服务以家庭为依托，以政府帮扶和提供上门服务为基本特点，服务内容以日常生活照料及能力训练为主。居家服务一直是残疾人托养服务的主要形式，也是我国残疾人托养服务体系的基础所在。在寄宿制托养、日间照料和居家服务这三种托养形式中，接受居家托养服务的人数占比最高，一直是寄宿制托养服务人数的4倍左右，占托养总人数的80%。根据中国残联的统计，2019年有93.9万残疾人接受了居家服务，而在托养机构接受服务的仅有22.4万人，即使是在疫情严重的2020年，享受居家服务的残疾人也达到了42万人。[①]在实践层面，居家服务开展得好的地区，会依据社区中残疾人的需求，制定个性化服务方案，开展菜单式服务和标准化服务，使社区里的残疾人感到"生活中多了一群能为自己提供帮助的人"。

但从本项目在一些地区的调研中发现，孤独症家庭接受居家服务的数量低于日间照料的数量。在家长座谈中，当问及居家托养服务的情况时，大多数家长表示"没听说过居家托养服务"，"从没有人上门给孩子做过训练"。

当问及"有没有人来家里提供家政服务"时，只有同住一个城区的两位家长谈道："我们是重残独生子女家庭，属于特殊扶助对象，街

---

① 中国残疾人联合会.2020年残疾人事业发展公报[M]//中国残疾人联合会.中国残疾人事业统计年鉴-2021[M].中国统计出版社，2021：12.

道每年会发一张服务卡，我们可以根据需要，预约家政公司的人上门做保洁服务，服务费用是由政府统一支付给家政公司的，自己不用出任何费用。"（家长座谈资料）

另一位家长S妈则谈道："我女儿是重度自闭症，因为我老伴也失能了，家里特别需要家政服务。因为能有人来家帮忙理发，清理油烟机、空调，我就一直住在这个老旧小区里也不敢搬家。可这个服务和居家托养服务不是一回事吧？他也没有对我孩子进行过任何训练啊！"（家长座谈资料）

而其他地区的家长则反映没有享受过类似的家政服务，更没有接受过针对孩子的居家训练服务。访谈中发现有个别家庭接受过日间照料机构延伸到家庭中去的服务，但真正用于孤独症障碍者康复训练的服务案例很少，说明居家服务的覆盖面不足。

综上所述，孤独症谱系障碍在我国的诊断历史不长，为孤独症障碍者提供托养服务也仅有十几年的时间。尽管各级政府在政策措施、财政投入和服务人员培训方面做出了诸多努力，但由于孤独症障碍者的社会功能受损严重，沟通交流难度大，个体之间差异明显，致使一些托养服务人员对其本质特征并不了解，相较于智力障碍和其他障碍类型其社会接纳程度更低、为其所提供的服务更少，是更需要社会帮助和支持的群体。

## 第四节 成年孤独症家庭的"双养"现况

### 一、孤独症家庭的"双养"需求及现实状况

自1982年我国首次诊断孤独症，已经走过了整整41年。第一代

孤独症障碍者的父母已相继步入花甲、古稀之年。我国人口老龄化进程中显现的各种问题，又突出地反映在这些"老残一体"和"以老养残"的家庭中，使成年孤独症和其照料者成为一个共生的困难群体。

父母的衰老削弱着孤独症家庭的自我保障能力和照料能力，衰老、疾病和残疾的叠加，迫使一些年迈的家长萌发了"双养"的需求和设想。在和60~70岁年龄段家长的座谈中，一些家长道出了自己的心路历程。

"我60岁以前从没想过自己养老的事，倒总是操心孩子大了以后怎么办，可这两年随着我和老伴不断添病，越来越照顾不了自己和孩子了，才想到了解有没有'双养'机构能够入住。"（家长座谈资料）

另一位家长H妈说："我和您差不多，60岁以前都没考虑过自己以后的事。原先想得很简单，到老了我和大家伙一样呗，或是居家，或是住养老院，我怎么都行。可关键是这孩子，眼看就照顾不动了，我去住养老院，把他送托养机构，谁也见不着谁，心里总觉得不是个事，就开始琢磨'双养'这条道了。"（家长座谈资料）

座谈中，对所谓的"双养"，家长们大多考虑的不是自己的养老，其核心要义还是想让孩子能有一个安养终老的地方。他们认为"双养"的优势是，有利于孩子尽早适应环境，一旦父母离世了，养老院里的人也能接受他，护理人员也清楚他的需求和情况；不利的是"孩子不到50就过上养老生活，还是太早了！"但也有家长认为，一些中高档养老机构里，有书画、歌舞、布艺、插花活动，还有老师教游泳、健身，并会定期组织旅居游学等活动，也有利于孩子兴趣的培养和融合，"和在家里生活也没有太大的差别"。

尽管家长们都提及"双养"，但对"双养"的具体需求却不尽相同，有的家长"希望和孩子同住在一套单元房里，既能了解孩子的生活情况，还能有个相互照应和情感交流"。也有的家长则表示"我都照顾他一辈子了，让我好好清清净净地活两年吧，每十天半月的让我们母子见上一面就够了"。还有的家长则表示"最好是一碗汤的距离"。

但是，从目前调研的父母年龄在 65 ~ 75 岁的孤独症家庭来看，照料的主体依然是家长，而不是"双养"机构。其原因有的是出于对孩子的陪伴愿望，希望趁自己能动时多带孩子出去走走看看，给孩子更多"美好的体验"；有的则是出于经济上的考虑，想省下点钱来留用于孩子未来的生活之需。因为即使是一个中产之家，当父母自己也需要花钱看病、购买养老服务时，父母和子女的康复养老开支就会大幅上升，家庭资产未必能支撑孩子未来几十年的生活。

中国第一批确诊的孤独症障碍者现在已 40 多岁，年龄大的已年过半百。就成年孤独症本人的情况而言，具有衰老速度快、养老起始时间早、预期寿命延长、个体需求差异大、服务成本高、支持强度大的特点，普通的养老机构一般拒绝接收。调研中获知，在北京、沈阳、南京、上海、天津等地都有年迈的父母带子女去养老院咨询入住的情况，但院方表示，只能接收老年人，拒绝接收其孤独症子女。

在对养老机构的调研中，负责人表示："我们不接收自闭症并不是歧视他们，是因为我们养老院做的是养老服务，不是自闭症服务，如果接收自闭症孩子，就是不专业，甚至是不负责。负责任的养老机构是不会只从经济收益上考虑的。"

也有中高端的养老社区则表示需要先对孤独症障碍者进行评估，对于轻度且没有暴力行为和情绪问题的孤独症障碍者，他们可以办理入住，这样做是担心孤独症障碍者的不当行为会殃及其他老人。

从未来发展趋势上看，伴随越来越多家长的年迈体衰，他们对担负逆向型代际照料会更加力不从心，"双养"的呼声和需求会日益增长，预判未来一二十年，成年孤独症家庭的"双养"服务，包括居家安养、社区化"双养"，网络化、智能化的养老服务一定会得到发展。

## 二、推动孤独症和智力障碍家庭①的"双养"尝试

在我国，"双养"实际上是托养+养老的一种制度创新。近年来，一些社会组织为回应心智障碍家庭的"双养"需求积极行动，中国智协努力对接不同地区、不同收费标准的养老院，筹划开展"双养"服务，组织有意愿的家长进行实地考察。

北京市民政局下设的养老助残基金会也积极开展父母年龄60岁以上、计划生育特殊扶助家庭的"双养"需求调研，将孤独症独生子女家庭和失独家庭一样作为特殊扶助对象，承担起监护人或代理人的责任，帮助他们解决因子女无民事行为能力难以入住养老机构和及时获得医疗救治的问题。

北京市民政局还出台了市指定养老机构必须接收心智障碍者父母入住的相关文件。2020年9月，北京市政府又颁布了《北京市困境家庭服务对象入住养老机构补助实施办法》，照此办法，计划生育特殊扶助家庭中年满70岁的父母和其子女一起入住养老院，每月可获得8400元的补助，这对于成年孤独症家庭选择"双养"无疑是个利好消息。

在浙江，2022年杭州市拱墅区出台了浙江省首个《"阳光安养"家庭联合式托养实施方案》，为重度残疾人和父母共同入住养老机构提供政策支持。养老服务中心环境整洁舒适，护理设备齐全，并配备有专业护理团队。政府对入住的重度心智障碍者实行了全额托底，其父母每人每月需支付3400元，可用杭州市老人入住护理补贴和养老服务

---

① 本书中的"智力障碍家庭"特指家庭中养育有智力障碍子女的家庭。

电子津贴来抵扣部分费用。入住后的心智障碍者及其父母都可在养老服务中心获得照顾与服务。①

在广州，广东省智协"双养"工作委员会与广州扬爱联合召开研讨会，通过实证研究成果揭示老年心智障碍家庭最大的困难就是"以老养残"，并通过提交提案等，呼吁社会各方关注并解决两代人的养老照料问题。②

2019年6月，广州越秀区启动了"广州地区心智障碍者双老家庭支持试点项目"，通过为30多户家庭提供个案管理服务，使家长们对子女的未来规划与安置有了更清晰的认识，并初步提供了一些常规化服务和紧急响应服务，如协调居家养老服务人员上门短期照顾心智障碍者、提供心理咨询和情感支持等，逐步完善服务资源库和服务支持体系。2022年，广州扬爱又落地实施了"广州市'老养残'家庭增能支持计划"，把已有的实践经验延伸到服务更多的"以老养残"家庭中去。此后，北京融爱融乐也启动了"养老残"心智障碍家庭暖心陪伴计划，该计划将通过以家庭为单位的走访探望，为这些家庭提供生活协助、情感关怀及案主赋能等服务，以提升家庭的抗逆能力。

从国家层面来看，2022年9月27日，民政部、财政部、中国残联、全国老龄办等10部门联合下发了《关于开展特殊困难老年人探访关爱服务的指导意见》，明确部署对失能、重残、计划生育特殊家庭等特殊困难老年人进行摸底排查，结合老年人本人意愿开展生活照料、精神慰藉、政策咨询、资源链接、应急处理等关爱服务，以减少居家

---

① 窦瀚洋，胡杭军，等.杭州拱墅区推出"阳光安养"家庭联合式托养服务：重度残疾人和父母可共同入住 [N/OL]. 人民日报客户端浙江频道，2022-10-09.https://wap.peopleapp.com/article/6888471/6752026.

② 广州日报客户端.研究报告：超四成"以老养残"家长未对养老进行规划和准备 [N/OL]. 广州日报，2022-01-09.http://gzrbapp.dayoo.com/amucsite/web/index.html#/detail/1743443.

养老的安全风险。

从养老机构方面来看，需求催生改变，社会资本已介入其中。在本项目2021年对北京与河北两地的调研中发现，商业化养老服务机构已开始为心智障碍者家庭提供"双养"服务，并已接收了一批孤独症和智力障碍家庭入住，六七十岁的父母与子女们一起开始了接受"双养"服务的尝试。相信伴随社会的发展和养老模式的多元化，未来一定会有更多的选择，实现父母子女生死两相安的终极愿望。

同时，在孤独症障碍者及家庭的托养与安置服务方面，世界上一些较早诊断孤独症谱系障碍的国家也为我们提供了可资借鉴的经验。

## 第五节　国际成年孤独症的安置服务模式

### 一、国际残疾观念与服务模式的转变

20世纪60年代，肇兴于美国的民权运动促进了全球残疾人运动的发展。在新思潮的推动下，欧美一些国家的残疾人群体先后采取了"去机构化"和回归主流的生活安置模式。至2006年12月，联合国大会通过的《残疾人权利公约》以国际法的形式进一步细化了残疾人群体享有的各项社会权利。在保障教育权、健康权和工作权的同时，还包括社区生活、尊重家居和家庭权利以及享有适宜生活水平的权利，使残疾人的居住方式与生活照料在全球范围内呈现出新的发展趋势，即从大型机构居住为主转变为日间照料机构、社区集体生活、独立生活中心为主，并重视对孤独症障碍者社区生活的支持，通过立法逐步消除他们参与社会生活的障碍，促进社会融合和全面发展。这一变化趋势顺应了成年孤独症群体及家庭的居住偏好，有利于更大程度地满

足不同经济条件、不同障碍程度的成年孤独症安置服务需求，提高他们的生存质量。

联合国《残疾人权利公约》强调，残疾是一个演变中的概念。迄今为止，国际社会对残疾的认识大致经历了四个不同的发展阶段，这些认识的变化直接影响了残疾人生活安置模式和服务模式的改变。

①道德模式：把残疾看作是对不道德行为的惩罚，或认为残疾人是病态的、可怜的，是需要照顾的。与这种认识相适应的安置服务模式是将残疾人收容起来，集中进行管理与照顾。

②医疗模式：认为残疾问题是医学问题，需要对残疾人的身心功能缺陷进行补偿和康复，使其达到正常标准。与之相配套的服务模式是将残疾人隔离在医院或大型机构中，给予治疗和康复干预。

③社会模式：认为残疾不仅是一种生理现象，更是一种社会现象，主张让残疾人在包容、平等、便利的社会环境中过正常的生活。这一时期服务模式的改变就是打破隔离封闭的状态，"去机构化"，强调残疾人不应该被长期安置在大型机构之中，他们应该是社区的有机组成部分，通过开展社区化生活服务，促进残疾人的社会参与和残健融合。

④权利模式：认为残疾问题不仅是医学问题，更是社会的、权利的和发展的问题。与这一理念相适应的是独立生活／自主生活模式。

自主生活模式源于美国的独立生活理念，强调残疾人有权按照自己的意愿选择自己想要的生活，并为自己的选择或决定负责；主张残疾人可以与普通人一样在社区中生活、工作，发展人际关系，实现自身价值，并受到人们的尊重。残疾人通过自主生活，将对他人的依赖程度降至最低，并提升个人的生活品质。自主生活模式离不开所在社区提供的服务、资源和支持。

值得指出的是，在联合国《残疾人权利公约》日益传播和普及的今天，社会模式和权利模式虽然已被越来越多的缔约国所接受，但至今还没有哪个国家完全采用社会模式或权利模式，多是以社会模式和权利模式为主的多种模式并存的状态，道德模式尤其是医疗模式在现实政策的制定中仍然发挥作用，这也决定了各国对残疾人的服务模式是多元并存的。

## 二、国外孤独症障碍者的生活安置模式

从全球范围看，包括孤独症障碍者在内的心智障碍者的安置问题在20世纪80年代已从个体或家庭问题上升为一个社会性议题，由人口老龄化进程与残疾问题交织叠加所催生的新的社会需求反映出对国家责任和社会角色的呼唤。直至目前，综观世界各国安置服务残疾人的模式虽然各有不同，但大都是多样化的，包括社区之家、家庭安置和传统的机构安置等，常常是依据残疾人的实际情况来确定。

### 1. 美国孤独症障碍者的生活安置模式

美国成年孤独症障碍者的生活安置模式主要有小组家庭、福利公寓、成人看护和独立居家等几种类型。其中特别受孤独症障碍者欢迎的是小组家庭。小组家庭是基于社区生活的一种模式，由同一小区或周边小区的孤独症障碍者组成家庭，白天他们各自独立生活，或在福利工厂工作，或参加职业培训和支持性就业等，晚间回到小组家庭中居住，在专业家庭辅导员/个案管理员的支持下生活。此外，起源于美国的独立生活中心，经过多年的发展，已在全美各地建立了403个，其分支机构达330个[①]。美国成年孤独症障碍者服务主要由非营利组织和非政府组织来提供，联邦财政和地方财政负责提供相应的资金保障。

---

① 数据源自NCIL官网，https://ncil.org/resources/。

## 2. 日本孤独症障碍者的生活安置模式

日本残疾人群体生活安置模式的"去机构化"发生在20世纪后半叶。日本政府首先改变了对残疾的不当认识，出台了打破隔离残疾人群体观念的各种措施，大力发展"互助之家"（グループホーム），使孤独症人士能够自主地生活在一起，而不是处于管理者的控制之下。日本政府强调在关注孤独症障碍者个体差异的同时，更应注重考虑安置环境的多样性，力求以灵活多变的方式，从家庭安置和社区安置等不同的层面满足孤独症障碍者的生活需求。

特别值得一提的是，在20世纪90年代得到大力发展的"互助之家"历经二三十年的发展，逐步演变形成了一种社区多方联动的新型养护机构。这类养护机构将"互助之家"与职业体验所、紧急居所及咨询设施集于一体，并为孤独症人士提供从日常生活到就业的全方位援助服务。这种基于小区的生活设计模式，使孤独症人士既可以独立生活或与亲人生活在一起，又能够满足他们与社会接触、交往的需要，在自己熟悉的社区过上融合生活。[①] 截至2014年，日本这类一体型养护机构已达5300家左右，占全部养护机构的50%左右，成为现行的主要安置模式。此外，日本现有的安置模式还包括社区附属的企业、福利机构和家庭安置模式。我国成年孤独症家长和社会组织考察较多的是日本榉之乡模式。

在心智障碍人士安置的制度层面，日本政府制定了障碍者基础年金制度、生活福祉资金制度、障碍者自立支援法、日常生活自立支援事业，以及介护保险制度、自立支援医疗和地域生活支援这七种制度，这些涵盖了日常照料、经济、医疗和法律层面的支持和援助，在一定

---

① 岛治伸特集：特别支援教育とは，ノーマライゼーション障害者の福祉［J］. 日本障害者リハビリテーション协会，2004年10月号（第24卷 通卷279号）.

程度上减轻了父母的照料压力和对子女未来安置的焦虑。

3. 英国孤独症障碍者的生活安置模式

英国的安置模式同样经历了从收容机构、机构化安置向"去机构化"和社区安置模式转变的发展过程，目前已形成多种模式并行的安置体系，其中包括：由国家卫生服务系统管理的安置服务，这实际上是以医院为主的长期治疗机构；由地方政府负责的社区照料服务安置模式；以独立组织或非经营机构负责的安置模式。目前第三种安置服务模式发展迅速，占比为一半以上。这些安置模式包括小组家庭、孤独症障碍者自己居住的个人公寓、寄宿制疗养院以及庇护性村庄。每一个小组家庭和个人公寓都与疗养院保持联系，疗养院的专业人员会为他们提供定期的支持指导。①

4. 德国心智障碍者的生活安置模式

德国自 20 世纪 50 年代以来一直倡导建立以家庭为导向的残疾人服务体系。提倡轻、中度的残疾人在家庭和社区环境中得到照料，重度残疾人在机构中得到照料和服务。安置的模式主要有四种：特殊机构安置模式、社区之家、大型机构和家庭式的支持服务模式。对于重度的成年孤独症和智力障碍者而言，生活安置的主要模式仍然是特殊机构安置模式，这是一种传统的安置模式，由政府出资支持他们获得生活照料服务。②

5. 北欧国家心智障碍者的生活安置模式

北欧国家以高福利政策推动残疾人社会安置模式的不断完善。北

---

① 洛娜·温. 孤独症谱系障碍——家长及专业人员指南 [M]. 孙敦科，译. 北京：华夏出版社，2013：189-191.

② 周玲. 中国心智障碍者保障状况蓝皮书 [M]. 北京：中国社会出版社，2020：249.

欧各国政府强行关闭了特殊医院和封闭机构，极力推行并实施了全纳融合性安置服务。主张残疾人回归社区，实行三大生活安置模式，即社区之家、团体之家和私人看护模式，其中社区之家是一种集体居住方式，由工作人员提供服务，主要接收轻度、中度孤独症和智力障碍者；团体之家和私人看护模式主要是针对重度孤独症和智力障碍者，前者是一种小组居住方式，由工作人员提供服务；后者是提供全方位的生活照料，由家庭付费，政府根据评估情况提供资金补贴，支持家庭。

社区之家是北欧各国的主流安置模式，每一个人都拥有自己的居所，可以自己独立生活或与家人共同生活，工作人员只在白天提供服务。随着北欧残疾人安置服务的不断发展，由孤独症障碍者自己选择提供服务的人，并按照自己认为合适的方式和节奏获取"个人助理"服务的做法得到广泛的认可，提升了孤独症障碍者本人及其家庭的生活质量。[①]

综合以上各国心智障碍者生活照料和安置服务的现状可以看出，社区之家和独立生活虽已成为发展趋势，但仍是多种生活安置模式并存，障碍程度是决定采用何种安置模式的重要变量，即根据心智障碍者的障碍轻重程度采取相应的生活安置模式。无论采取哪种模式，家庭或社会的支持都是不可或缺的。

同时，经济发达国家还通过长期护理保险来解决孤独症障碍者的终身照顾和保障问题，基于社区生活的安置模式由政府购买服务提供支持，减轻了家庭的经济压力和照料负担。这种不需要离开社区和与家庭分离的生活居住方式，将成为未来孤独症障碍者最主流的安置模式。

我国成年孤独症的自主生活和社区生活服务正是在这样的国际大背景下产生的。

---

① 《「心青年」与社区的距离》，详见"少数派说"公众号（2023年4月2日）。

## 第六节　我国成年孤独症生活与安置服务模式探索

近年来，国内成年孤独症障碍者的生活照料和未来安置问题日渐凸显，与此同时，我国经济社会的快速发展和国际社区化服务模式的传播，使单一固化的托养服务模式愈发难以满足孤独症群体日益增长的多元化、个性化服务需求，成年孤独症服务供需矛盾的失衡，激发了市场活力和社会资本的流注，也唤起了家长的主体意识和自救行动，由家长或专业人士创建的成年孤独症生活安置模式与社区化服务应运而生。这些大胆的尝试促进了我国社会以政府为主导的、较为单一的托养服务模式向日益多元化的照料服务模式发展，本节主要介绍一些较有特色和影响的探索实践。

### 一、北京利智的自主生活创新

北京市丰台区利智康复中心（以下简称"北京利智"）是一个主要为大龄/成年心智障碍者提供多元化、专业化服务的非营利组织，于2013年开始支持心智障碍者自主生活，建立了基于社区住宿的自主生活中心。

2018年，北京利智开始通过成立自主生活学院，以线下招生、线上课程直播等多种方式，持续提供自主生活服务。北京利智支持孤独症和智力障碍者进行自我倡导，先后联合河北、湖南、广东、陕西、重庆、云南、湖北、安徽、浙江等12家康复服务机构，以线上和线下相结合的方式，将自主生活服务推向各地，并力求将自主生活所倡导的以个人为中心、尊重残疾人、最少协助、适度支持等各项原则贯穿其中。2020年新冠肺炎疫情爆发期间，北京利智又联合湖北、重庆、陕西、安徽、浙江等地的心智障碍者服务机构组建了自主生活学院网络平台，开展线上自主生活支持服务。

2021年，北京利智与北京成年孤独症家长合作，开启了孤独症障碍者社区化自主生活的实践。已有60余家心智障碍服务机构和家长组织通过学习自主生活的理念和操作技巧，支持青年心智障碍者在社区中过和常人一样的生活。[①]同时，北京利智还与特殊教育专家合作，参与了国内开启的"6+2"全生命周期个别化支持计划[②]。

2022年7月28日至29日，北京利智又在杭州发起了自主生活服务行动者共识大会，来自各地的80余位与会者共同剖析传统成年心智障碍者服务的破局之道，围绕自主生活服务议题共商共建，分享自主生活服务为行业带来的机遇与挑战，提出深入运用心智障碍者有效服务模式（POS-FOS-SIS-OEES），通过"达成共识，运用共识，实践共识"，推动自主生活的不断创新，为探索成年心智障碍者服务的新路径贡献力量。[③]

## 二、星星小镇的成年孤独症康养实践

星星小镇位于安徽省六安市金寨县，于2017年由来自各地的孤独症障碍者家长共同创建。小镇采取"家长出资创办股份公司、实行自治、以民非企业单位（康养中心）运营"的模式，最终是要创建

---

① 冯璐，《心智障碍者：我们不只是等待安排的生命》，2021年11月在CC讲坛上的演讲。

② "6+2"全生命周期个别化支持计划是中国残疾人康复协会提出的。"6"是指6个个别化支持计划，即0～3岁婴幼儿个别化家庭支持计划、3～6岁个别化学前教育支持计划、个别化义务教育支持计划、个别化职业教育支持计划、个别化就业支持计划和成（晚）年生活支持计划。"2"是指两个转衔支持计划，即儿童期转衔支持计划和成年期转衔支持计划。

③ 北京利智，《结束才是开始，自主生活服务行动者共识大会圆满落幕》，详见"北京利智"公众号（2022年8月1日）。

一个孤独症障碍者可以终生居住，父母也能够在其中陪伴和养老的"双养社区"。

截至2022年5月，小镇已进行了三期股东招募，每一位股东家庭需缴纳五六十万元的股本费和50万元的借款，所有股东家庭同股同权。同时，每个家庭还需要提供一份500万元家庭财产证明，以确保自己离世后，孩子可以在小镇持续生活而不致成为当地政府和其他股东的负担。目前，小镇已招募了69位股东，购买了36亩土地，完成了基本建设封顶，计划在2023年上半年正式入住。

按照创建者的规划，小镇可容纳120余名孤独症障碍者和家庭入住，6个人一单元，每人都有18平方米单独的起居室，有公用的生活空间、厨卫和多功能厅、室内外体育场等，专业人员和老师会常驻小镇照顾他们的生活。

孤独症障碍者将在小镇里分工合作，从事简单的庇护性工作。在规划设计图上，超市、烘焙坊、快递收发点等临街而立，高功能的孤独症人士可以在这里工作；社区深处则是工作坊，供低功能的人士做一些手工等。

培养孤独症障碍者集体生活的能力，让他们有规律、有质量地生活，即使在父母离世后也能过上稳定且有尊严的生活是所有星星小镇创建者的共同心愿。他们希望孩子能在集体中生活，和他人建立稳定的关系，而不是永远生活在家庭中。在创建者们看来，让这些孩子及早脱离对家庭的依赖，适应集体生活环境，不仅有利于增强他们的自我生活能力和社会适应能力，同时也不至于在父母离世后，他们的精神和情感世界发生断崖式的崩塌。

截至2022年10月，已有18位中重度的孤独症障碍者提前入住，在16位老师的带领帮助下，在小镇的"星星家园"训练中心接受集体生活、生活自理能力与劳动技能方面的训练，并定期去县城逛超市、游园，以适应未来小镇的生活环境，因为小镇将是他们永久居住的家[①②]。

"星星小镇"的自救互助行动彰显了家长群体破解安置难题的勇气与决心，这一模式超越了以家庭为单位的支持与安置局限，提升了孤独症家庭社会支持的稳定性、持久性和强度，促进了当地社会支持网络的参与和构建，有利于形成残健融合的友好型社区，实现孤独症父母与子女生死两相安的愿望。

## 三、慧灵家合的社区化生活探索

慧灵家合是2022年4月由慧灵服务集团与北京孤独症家长和其他心智障碍者家长共同创建的第一个社区家庭。社区家庭的地点位于北京大兴西红门小区，小区交通便利，配套设施成熟。

依据创建者的理念，"自主生活"和"融入社区"既是孤独症障碍者自身的需求，也是提升孤独症障碍者生活质量、建立社区支持系统、发展孤独症个人潜能的最有效的手段。慧灵家合不是简单复制现有的慧灵模式，而是机构、家长和"心青年"[③]一起创造更加体现个性化、更能满足不同心智障碍者品质生活需求的服务。按照创建者的设想，这个新的服务平台将在品质生活理念的指引下，打造一个乃至多个"以个案为中心的社区化生活"首都样板。同时，还计划配合特殊需要信托、监护人模式等方面的创新发展，保障孩子将来能够快乐安稳地生活在成熟的社区，解决心智障碍者家庭的终极忧虑。

---

① ALSOLIFE，《没名字的爸爸|有关星星小镇的10件事》，详见"ALSO孤独症"公众号（2021年5月14日）。

② ALSO课堂"问路"系列微课，2022年10月14日罗意爸爸、小满妈妈和秋爸爸的对话。

③ "心青年"这一称谓由心智障碍青年自己提出，意在表明自己是用心生活的青年人。

慧灵家合的特色是以个案为中心，制定和实施ISP（个别化支持计划），承诺实现以人为本的社区化生活。"社区化生活"主要由住宿支持（社区家庭）和日间支持两部分组成，由专业或接受过相关培训的工作人员提供个别化和多样化的服务，孤独症障碍者家庭可以根据需要选择住宿、日间照料或喘息服务。全部基础服务依照慧灵服务手册执行，全年有行事历，每周有时间表。慧灵家合还秉承"我的生活我参与"的理念，让"心青年"充分参与服务内容的设计，并为能够服务他人及参与社会工作的"心青年"发放劳务费。

慧灵集团创始人、广东省慧灵智障人士扶助基金会理事长孟维娜女士在慧灵家合的创办说明会上表示：坚决不做"大型集中式"模式，要在不同社区里做"小而美"①的社区化家庭。慧灵家合的口号是"建设一个学员最喜欢，家长最放心的慧灵"。

为了给慧灵家合的服务发展保驾护航，创办者还成立了北京家合共创社区服务中心（有限合伙）。这是一个由家长组建的、致力于推动大龄/成年心智障碍者服务社区化发展的投资平台，为慧灵家合有品质的服务提供资金和社会资源支持。②

慧灵家合的探索彰显出家长群体在推进社区化生活中的作用和行动力，是破解心智障碍群体安置困局，谋求建立残健融合友好型社区的一种有益尝试，同时对于满足特殊需要家庭个性化、多样化的生活照料需求，弥补基本公共服务之不足也具有积极意义。

---

① 慧灵"小而美"的指标是：服务人数根据需求，以一个日间小组或一个家庭的形式显现，也可以以全员制的形式运营；安全干净、优雅舒适的环境，与时俱进的设备设施；专业服务多样化，可提供多种选择；提供私人订制服务；清晰细化的成本核算，收费可覆盖全部成本，略有盈余；学员和家长的满意度高；在全国慧灵服务评估中名列前茅。

② 慧灵基金会，《北京慧灵家合社区家庭火热招生中》，详见"青春与未来"公众号（2022年4月29日）。

## 四、各地成年孤独症生活与安置服务的发展

在上述孤独症家庭抱团自救、探索前行的进程中，各地的成年孤独症家长和专业人士也不畏困难，纷纷行动，自办或推动创建起一批各具特色的大龄/成年孤独症服务机构。云南大理的海灵社工服务中心努力和当地的孤独症家庭一起共建无障碍自然生活社区，他们注重发挥孤独症障碍者父亲的责任与担当，以社区融合和提升生活质量为导向，深入孤独症障碍者生活的村庄开展融合服务，举办家庭疗愈沙龙等活动，力求使服务对象享受到设施无障碍、包容无障碍和生活无障碍的社区生活。福建的爱慧自闭症康复中心则注重发挥福建安溪山水茶乡的独特优势，创办了安溪茶叶职业技术学校，为大龄孤独症障碍者提供了宜学宜居的环境。为使父母离去后，孤独症障碍者能有爱有家有未来，该中心又在省市残联和德国、日本基金会的支持下，筹建了爱慧茗星康养山庄，为茶校毕业生提供辅助性就业和康养服务，努力探索"康教融合 + 茶养融合"的新模式。北京丰台区的金蜗牛心智障碍者家庭服务中心多年来坚持不收取费用，自筹资金为大龄/成年心智障碍者开办各种兴趣课堂、训练劳动技能的车间，组建阳光艺术团，使 20 名学员走上实习岗位并稳定就业。该中心还创办了社区家庭，提供日间照料、夜间住宿、喘息服务和家长培训等，努力探索心智障碍者支持服务的新路径。位于北京密云的中港汇晟儿童行为矫正中心则依托良好的自然环境，创建了占地 400 余亩的农疗托养基地和共享农场，大龄/成年孤独症人士由 30 名教师带领，在基地从事果蔬种植、采收、包装等相关工作，并可获得劳动报酬，减轻家庭经济负担，中港汇晟成为一个集康复教育、职业技能培训、辅助性就业、托养照料、爱心互助为一体的综合性服务基地。北京大兴的星辰孤独

症人士关爱中心则注重通过开展艺术疗愈、户外社交拓展等活动来丰富寄宿制学员的生活。

根据中国精协孤独症专业委员会在2018—2019年所做的全国摸底调查，每个省大约都有3～4家由家长自发组织创建的互助式孤独症障碍者托养机构。由于社会上面向成年孤独症的专业服务机构过于匮乏，未来，服务机构的数量还会继续增加。

本项目在天津、大连、常州、杭州、福建、广西等地的调研中发现，当地也都有为成年孤独症提供服务的机构。尽管这些机构的性质、运营模式有所不同，但都各具特色，富有新意。特别是近年来在政府和残联组织的扶持与帮助下，各地相继涌现出一批具有一定规模、社会影响较大、孤独症障碍者在其中生活得充实而多彩的成年孤独症服务机构，如成都善工家园助残中心、杭州弯湾托管中心、深圳守望心智障碍者家庭关爱协会、大连爱纳孤独症障碍者综合服务中心等。正是这些专业人士和家长群体的艰辛探索实践，让当今中国成年孤独症托养服务领域呈现出如此富有生机的发展图景，为家长对子女的未来安置提供了更多的选择，同时也成为一种促进社会善治的力量。

## 第七节　成年孤独症生活的多种选择与前置性策略

### 一、成年孤独症安置的多种选择

各地服务的鲜活实践使成年孤独症障碍者的多元化生活安置成为可能。本项目在文献研究和对十几个省市成年孤独症服务机构走访调研的基础上，归纳概括出成年孤独症当前和未来生活的八种方案，供孤独症家庭参考、选择。

1. 以家庭为基础的代际支持

这一类型指成年孤独症障碍者在父母或家人的帮助支持下结婚生子，过正常的居家生活。在调研中发现，也有的父母是通过收养孙子/女的方式，解决孤独症子女的照料问题。不过现实生活中，这种解决方案的占比较少。

2. 专业人员/亲友支持下的独立居家生活

即父母离世后，孤独症障碍者继续在他熟悉的原生家庭和社区中生活，由专业社工、个案管理员[①]或亲友为其提供他所需要的支持。白天他可以去温馨家园或参加家长组织的各类活动，晚上回家居住。这一类型的前提是，孤独症障碍者的能力比较好，遇到问题能够用微信或电话求助，专业人士或兄弟姐妹等会定期探访，提供支持，他也可以通过购买菜单式服务，帮助其解决生活中遇到的各种问题。

3. 以慧灵为代表的社区家庭模式

慧灵服务集团有32年服务心智障碍者的历史，在42个城市提供社区化托养服务和社区家庭养老服务。[②]调研中考察的社区家庭模式，一般是4~6位孤独症和智力障碍者组成一个社区家庭，他们生活在社区的同一套单元房里，起居室里居住2~4人不等，有公用的生活空间、厨房、卫生间。白天他们外出在机构参加活动或是在职康站里庇护/辅助性就业，晚上回到房间，大家一起吃饭、看电视，或是在自己房间做想做的事。每个社区家庭会配备一名助理，负责照管他们

---

① 个案管理系统是在对孤独症障碍者个人生活全面评估的基础上，确定康复目标，并根据其需求和康复的进展情况，整合不同的服务资源，建立包括入户支持、日间照料、职业康复训练等在内的，可以按需匹配、调整和转介的服务体系。无论自主生活、社区生活、机构生活都需要个案管理员来支持。

② 蔡景华，《未来的路我们一起走——陕西慧灵社区化托养服务》，2022年5月20日的直播演讲。

的生活。

### 4. 以利智为代表的自主生活模式

北京利智于2013年开始支持心智障碍者自主生活，建立了基于社区寄宿的自主生活中心。调研中所见的这类模式，是4位心智障碍女生共同生活在居民楼的一套单元房里。跟慧灵社区家庭不同的是，她们自主安排生活，没有助理人员居家提供帮助。从洗衣做饭、清洁房间到购物、记账，以及晚上吃什么、做什么，都是大家商议好后分工合作。她们居住的房间温馨整洁，给人留下深刻印象。

访谈中一位30多岁的"心青年"说，她喜欢这里的生活，不愿意回家，因为一回家家里人就支使她干活。看得出她生活得挺舒心。即便如此，北京利智的负责人冯璐说："她们同样离不开支持，尤其是遇到邻居投诉或是弄坏了小区摊主的东西，都需要社工出面摆平。"

以前，北京利智的自主生活模式多面向智力障碍者，近两年一些大龄/成年孤独症障碍者也在助理人员和家长们的支持下开始了自主生活的实践。

### 5. 寄宿制托养机构生活模式

这种生活模式遍及全国，占比较高。寄宿制托养服务机构有公办、民办、公办民营、民办公助等多种性质。国内规模较大的机构有成都的善工家园助残中心，其中的"蜗牛山庄""蜗牛生活馆"为200余名成年心智障碍者提供全托照料服务。在北京，本项目调研了位于朝阳区的玉华残障人士康养服务中心、密云区的中港汇晟等，也都各具特色，成年孤独症障碍者的生活内容丰富多样。

### 6. 政府兜底的医养结合模式

由于父母离世后，一部分孤独症障碍者会成为三无人员（即无法定赡养人、无劳动能力、无生活来源），他们将进入政府兜底的定点残疾人托养机构中生活，即长期居住在政府所办的福利院、托养服务机构或精神病院里，如北京的第三福利院、温馨精康园等。

目前，这类机构接收的多为重度成年孤独症，费用绝大部分由政府兜底，家庭经济负担小，每月只需支付几百元到一千元不等。接受访谈的家长反映，"这里没有针对孤独症的活动，孩子没事时待着或看电视，有事时（指有情绪问题或精神症状时）就约束"。家长把孩子送入这类机构常常是出于无奈。

### 7. 父母与子代的准双养模式

这一模式是指成年孤独症障碍者和父母同在养老院或国际退休村中生活。采用这一居住模式的，父母均是六七十岁以上的老年人，目的是让孤独症子女提前适应这里的生活和环境，建立人际关系和情感联结，以便父母将来离世后孩子仍能生活在其中。目前，北京的泰康养老社区、河北香河的大爱书院都已经有孤独症和智力障碍家庭入住。

### 8. 特殊家庭抱团取暖模式

报团取暖是一种家长们以共同育儿为业，跨越家庭照料边界的尝试，多是由几个志同道合的家庭，共同购置一处房子，带着孤独症子女一起生活，由家长们分工负责看护照料。在加入者的年龄结构上，也考虑了年轻家长和年长家长的分布，以利于持续发展。座谈中得知，在云南等地有不同年龄段的孤独症子女家长一起承包山林、农场，带孩子共同生活。

上述各种类型，基本涵盖了当下和未来10年成年孤独症生活与居住的主要模式。需要指出的是各个模式之间不是绝对孤立的，而是会相互借鉴和吸纳，各种模式的发展速度也会快慢不一，但基本不会超出一定范畴。

这表明，成年孤独症障碍者未来的生活安置模式一定是多元发展的，家长具体选择哪一种，首先要根据孩子的情况以及所能提供的支持和资源来确定。所谓根据孩子的情况主要是指根据孩子本人的意愿和能力。这八种方案没有高低优劣之分，只有适合与不适合，适宜孤独症障碍者本人的就是最好的。

面对不同的模式，家长可以结合自家的情况确定目标，也可以做两手准备，设定一个最高目标和一个最低目标，同时在提高孩子自理自立能力、规范孩子行为和寻求支持性资源方面做出努力。

父母在考虑子女未来生活的过程中，应充分了解和尊重子女的意愿。如果期望是社区生活，就要考虑到将来室友的选择。几个孩子天天生活在一起能否相互适应？容忍的底线在哪里？需要事先尝试。如果没有房子可供孩子们尝试同住，可采用共同旅行的办法，即几个有意向的家庭组织几次较长时间的旅行，一起乘车、吃住，合不合适就会有一个基本的判断。

至于子女未来的居住方式，父母也可以转换思路，考虑自己到养老院居住，让孤独症子女在他熟悉的居室和社区中，由专业社工为他提供支持，或是让他与其他障碍者组成社区家庭。孤独症作为一种障碍性疾病，只要有足够的支持和良好的环境，一些孤独症障碍者是能够过常态化生活的。

调研中，不少家长表示期望孩子未来能在社区中独立生活，认为这类生活方式比在托养机构里成本低，灵活自主度高，但在现实生活中，他们的隐忧是找不到能够长期提供支持并了解障碍者特质的社工或个案管理员，如果经常更换服务提供者，或者服务提供者根本不了解孩子，势必会影响孩子的情感和人际关系的建立，甚至导致情绪问题的发生。另外，长期独立生活会不会造成孩子内心的孤独和焦虑，这些都是需要家长认真考量的。

希望孩子未来在托养机构中生活的家长虽然占比较高，但他们也存在一定的隐忧，即资金财力上的储备。目前北京寄宿制托养服务机构每月平均是 6000 元至 8000 元的费用，在父母离世后的二三十年间，费用可能还会进一步增长，如果没有足够的资金支持将是难以为继的。

由此可见，没有哪一种模式是十全十美的万全之策，都会有一定的风险和挑战，但无论选择哪一种模式，父母均须提前做好以下准备。

## 二、父母在子女未来安排上的前置性策略

### 1. 照顾清单等的准备

填写照顾清单是安置规划最基础的工作。孤独症障碍者无论障碍程度轻重，都离不开他人的支持和照料。未来对其无论是采取法定监护、遗嘱指定监护，还是由政府担任临时监护人，都需要家长提前准备照顾清单，这也是新冠肺炎疫情期间鄢成以生命为代价留下的启迪和教训。为此，家长一定要仔细观察孩子的行为、习惯，并详细记述。事先准备好一份完整的照顾清单，包括孩子的血型，对哪些食物、药物过敏和目前所服用的药物；孩子的特性、刻板行为有哪些，孩子出现情绪问题时的表现及对其有效的安抚方法等个性化的照料事项。照顾清单应尽可能的完整详细、重点突出，以利于未来的照顾者全面清晰地了解孩子的情况，最大限度地降低孩子情绪问题的发生率。

同时，对于"以老养残"的孤独症家庭而言，最好还能结合未来安排的整体规划，及早准备一份遗嘱监护清单。根据广州扬爱和广州荔湾区和谐社会监护服务中心开发的提示信息，遗嘱监护清单至少要包括立遗嘱人的个人信息、被监护人信息、家庭信息，监护和代理需

求、遗产分配与管理意愿、资产信息等方面的内容。①

对于孤独症家庭来说，照顾清单和遗嘱监护清单都是做好未来安置的基础，同时这也是一项循序渐进的工作，需要根据家庭情况的变化不断更新与完善。

2. 问题行为干预

注意培养孤独症子女的规则意识，针对孩子未来生活会遭遇的突出问题进行重点干预。比如，本研究在前期访谈某位孤独症障碍者时，他说出"不愿意"集体居住的原因是"怕总蹲厕所"。这正是由于现实生活中，许多成年孤独症障碍者都存在每日如厕次数多和时间过长的问题，如不加以训练或干预，长期在机构里过集体生活，大家共用卫生间，就容易因坐便器少而焦虑，甚至发生冲突，所以要事先有所准备，防患于未然。

3. 疾病治疗

疾病往往是导致孩子爆发情绪问题的诱因。当孤独症障碍者步入成年后，一些慢性疾病和危险因素增加，如体重超重、血压高、糖尿病等，尤其是口腔、肛门和生殖器方面的疾病，如牙周的损伤和疼痛、脱肛或痔疮以及包皮过长所致的疾病。对这类容易被照料者忽视，孩子难以配合治疗、异性照料者又不方便护理的疾病，最好趁父母健在及早治疗，以减少孩子的痛苦和未来照料者的负担。

4. 根据子女的未来安置构建支持性网络

在孤独症康复托养领域，服务提供者尤其是有资质的专业人员的缺乏已成为不争的事实，因此，无论孤独症家庭为子女的未来安

---

① 蔡盛，《社会监护机构与监护清单》，2022年11月7日在融合中国项目年会信托分论坛上的演讲。详见"广州扬爱家长俱乐部"公众号。

置选择的是哪一种生活居住的方式，家长都需要帮助子女所在的托养服务机构或是社区家庭，为孩子提供多种支持。同时，未来安置会涉及子女生活的方方面面，除了托养照料以外，还包括情感关怀、医疗保障、交通出行、技能提升、娱乐休闲等，因此，作为家长应有意识地围绕子女的未来安置与发展，尽可能多地链接各类资源，构建社会化的支持性网络与环境。

5. 做好监护和资金两方面的准备

如前所述，孤独症人士未来的生活安置模式一定是多样并存的，但无论哪种模式都需要家庭做好监护人的选择和资金的储备，而这两方面都不是可以一蹴而就实现的，生命的托付与照料是一项系统性安排，需要家长未雨绸缪，认真规划，才能给子女一个可期的未来。

6. 遗嘱的订立

订立遗嘱也是做好孤独症子女未来安置的一项必备内容，遗嘱作为一种单方的法律行为，与保险、信托一样都是家庭财富传承中的重要法律工具。遗嘱不仅可以明确财产范围，起到财产清单的作用，还可以按照遗嘱订立者自己的心愿处置个人财产、交代身后事，通过定向传承，避免日后产生不必要的法律纠纷，降低遗产继承的成本。尤其是遗嘱的法律效力大于法定继承的效力，有利于父母运用遗嘱扶持经济能力上的弱者，更好地保障孤独症子女未来的生活。对于准备步入婚姻的孤独症障碍者而言，其父母还可以通过订立遗嘱来减少子女将来万一发生婚变所造成的损失，或是通过指定遗嘱执行人来维护孤独症子女的利益。

## 第八节 成年孤独症托养服务面临的挑战

我国的残疾人托养服务自 2007 年启动之后在各地取得了积极的进展，对孤独症障碍者的社会化托养服务模式也在不断地探索与构建之中，但这一进步与众多成年孤独症障碍者的托养服务需求相比还存在着一定的差距和挑战，主要体现在以下几个方面。

### 一、残疾观念的滞后

政策是观念的集中体现，政府相关部门的残疾观决定着残疾人管理与服务的政策走向。在 2021 年的调研中发现，按照北京市相关部门的最新规定，原先残联定点的残疾人托养服务机构将不再接收孤独症障碍者，成年孤独症障碍者作为精神残疾人只能统一进入精神病托管中心或精神病院。

为证实这一情况，研究人员先后对北京市提供孤独症障碍者寄宿的 4 家托养机构进行电话访谈。机构工作人员证实：根据上级指示精神，目前机构已停止接收新的孤独症障碍者了。另一机构的工作人员则表示：按照规定，精神残疾人统一归口管理到精神病院，机构不再接收残疾证上是精神残疾类的人了，但可以接收多重残疾人。当调研人员问及："如果是智力障碍加孤独症的多重残疾人呢？"对方则回答："可以接收。"这表明机构工作人员并不了解孤独症，不知道孤独症也是精神残疾的一种类型。通过进一步深入调研又发现，即使是残联定点专门接收精神病患的医院，也同样不了解孤独症，院方表示"虽然文件规定精神残疾的归我们接收，但我们这里还没有人住过孤独症患者，也不了解孤独症，要请示领导后再答复能不能接收"。

由此可见，相关部门出台的文件完全是从严格管控精神障碍者出发的，依据这一归口管理办法，北京市只有两家精神病托管中心可以接收孤独症障碍者，但他们并不了解孤独症，更谈不上提供专业化服务，其结果只能是进一步弱化现有的成年孤独症托养服务，使这一弱势群体处于更加不利的处境。

政府出台的政策缺乏可操作性这一问题也体现在对残疾人服务机构的监督上，如 2018 年民政部等 4 部门联合出台了《残疾人服务机构管理办法》，规定各级残联负有对服务机构的监督责任，但从对残联工作人员的访谈中得知，该办法还规定了民政、卫生计生委、人力资源社会保障部门都对服务机构负有指导、监督管理责任，但却对各部门的责任边界、执行标准和如何落实这些责任缺乏明确规定，致使残联的服务监督责任难以落到实处，引发家长对缺乏服务监督的担忧。

## 二、托养服务发展不平衡

"十二五"期间，国家将残疾人托养服务纳入基本公共服务之中，在 2016 年"十三五"开局之年，中国残联制定的《"十三五"残疾人托养服务工作计划》明确规定，街道、乡镇普遍建立残疾人日间照料服务平台。至 2017 年底，我国共有县级残疾人托养服务机构 3535 个，但在全国 39888 个乡级行政区划中，仅有不足 10% 的街道／乡镇建立有托养服务机构，而社区和村级托养服务机构只有 488 个。①

根据全国残疾人人口基础库的数据统计，至 2020 年全国共有持证残疾人 3780.6 万人，其中农村持证残疾人为 2998.5 万，占全国持证残疾人总数的近 80%。同时，全国 403.7 万精神残疾类持证人也主要分

---

① 中国残疾人联合会.残疾人托养服务理论与实践[M].北京：华夏出版社，2019：44.

布在农村。① 特别值得关注的是，在我国城镇化迅速发展的历史进程中，农村残疾人口的比例却呈现出增长趋势。家庭规模的小型化使事实上无人照料的农村残疾人数量不断扩大，农村劳动力人口持续向城市迁徙流动，削弱着农村社会邻里和社区照顾的作用，使家庭支持功能严重弱化，沉重的照料负担极易导致农村重度残疾人家庭致贫返贫。

这表明，受我国经济社会发展不平衡和城乡贫富差距加大的影响，残疾人基本公共服务均等化问题进一步凸显，相较于城市中产阶层孤独症家庭有钱买不到服务的状况，在农村既缺钱又缺服务的现象更为普遍。

促进基本公共服务均等化是推进残疾人共同富裕的基石。为此，在 2019 年全国两会期间，张海迪主席向全国政协提交了《关于做好贫困重度残疾人托养服务的提案》并作了大会发言，体现出中国残联为补齐托养服务短板，促进共同富裕所做的努力。

## 三、托养服务人才匮乏

托养服务人才和专业队伍是保证托养服务事业持续发展的基础，但从该行业的发展现状看，无论是寄宿制服务还是日间照料和居家服务，专业人才都十分匮乏。至 2017 年，我国有 12.1 万托养服务人员，有托养服务需求的残疾人则达数百万人，按每 3 位托养服务对象需要一名专业人员来估算，至少还有 80 余万服务人员的缺口。可以说，专业人才短缺已成为制约托养服务业发展的瓶颈问题。

托养服务人才缺乏并非大陆独有，在港台地区乃至全球也普遍存在，既往的一些研究分析了导致这一现象的原因主要与薪资待遇低、发展前景不明确等有关。但本研究发现，尽管造成现阶段成年孤独症

---

① 中国残疾人联合会. 中国残疾人事业统计年鉴 -2021[M]. 中国统计出版社，2021：31.

障碍者服务人才匮乏的原因是多方面的，但对于有些年轻从业者而言，薪资收入已不是最主要的影响因素。

一位入职近两年的老师说："我学的就是特教，虽然干这一行收入不多，但家里条件还算可以，经济上也没有什么问题，只是我妈担心我的安全。她特别反对我干这一行，尤其是大龄孤独症这块。前一段时间机构里就发生了一起老师被打伤的事情。有的孤独症孩子人高马大，爆发情绪问题时根本控制不住，老师身上有时会被弄得青一块紫一块的，像手指头被咬掉这样的事我根本就不敢和我妈说。"（教师访谈2）

"其实，我最受不了的是他们摆弄生殖器，有时候还会露出来，太让人难堪了！有时他们还会冷不丁地跑过来摸你的腿，开始把我吓坏了！后来了解到他们是对丝袜有特殊的感觉，现在时间长了也逐步适应了。有经验的老师告诉我，这些大龄孤独症虽然智力有损伤，但他们生理上没毛病，会对异性感兴趣或有类似亲昵的举动，这对我们女老师也是个挑战，所以我在着装举止上都很注意的。"（教师访谈4）

提供成年孤独症服务的独特挑战不仅面向女性，男性从业者也会遭遇不同的挑战。

"我是特教专业毕业的，可现在社会上对这一行业认可度低，不认为你有什么专业，也不拿你当专业人员看，就认为你是伺候人的。男生干这行不好找对象，还不全是因为收入问题，主要是人们对托养服务的专业性、职业性缺乏认识。最近交的一个女朋友也劝我趁年轻早点改行，她觉得男朋友干这行特没面子，说：'人这一辈子都是与智者同行，而你却是与智障者同行。跟什么人在一起能决定你的高度，你一辈子跟着这帮智障的、自闭的能混出什么来，将来连自己都得变傻了。'她完全不懂，和这些孤独症学员在一起是可以净化心灵的。"（教

师访谈 7）

座谈中家长们也很认同这种说法："没有大爱之心的，谁会干这行，我要有个正常孩子，我也不让他干这行，整天没黑（夜）没白（天）地折磨你。咱们当家长的是没辙了，人家年纪轻轻的凭什么？现在都是独生子女，好多孩子连爹妈都不管，人家能来照顾这种孩子，没有爱心根本就做不到。"（家长座谈资料）

对特殊教育学院和社会工作系教师的访谈也证实：残疾人托养服务人才招聘难的问题或将长期存在。

"近些年社工专业的学生毕业后选择其他职业的比例较高，即使从事与本专业相关的工作，也更倾向于做与儿童、青少年和妇女有关的社会工作，其次才是老年，最后才会是残疾人领域，而真正能够进入心智圈工作、服务的就更少。"（专家访谈1）

"特教学校和公办托养机构会好招人一些，工作相对稳定，待遇有保障，最难的是民办中小型机构，工资待遇低，职称晋升难，机构稳定性差，又缺乏专业支持和保障，招聘难度可想而知。"（专家访谈6）

特别是从近些年对成年孤独症障碍者服务的发展趋势上看，担心未来具有专业资质的服务提供者会越来越少，已成为一些家长的隐忧。

"现在在寄宿机构照料生活的多是中年妇女，将来到咱们孩子送托养机构时，就成了这一代独生子女的天下了，那些独生子女会来照顾你自闭症？即使提高收入，干这一行的肯定也越来越少。我现在带着孩子参加各种不同的活动，就是想让这些年轻的老师了解我孩子，将来也许就得托付给他们了呢！"（家长访谈13）

"在监护、信托和托养照料这'三座大山'中，我看比缺资金更难办的就是日复一日的照料，而最难解决的问题就是缺少既有爱心又懂专业的人。我现在办这个工作室完全都是公益的，不是为钱，就是希

望通过活动发现将来能陪伴这些孤独症孩子的年轻人，这才是关键，要不然将来家长有钱也买不到服务。"（基金会负责人访谈 2）

专业人才供需失衡，加剧了行业的乱象，使民办中小型服务机构处于更加不利的境地，面临更大的人才短缺困境。访谈中，多位民办康复机构的创办者反映了类似的遭遇。

"我们民办机构实力有限，有资质的人才聘用不起。前几年我就咬牙掏钱送老师去学 ABA，一个人学下来至少要三四万，对我们这样的小机构就是挺大的一笔投入，可是学回来不久（老师）就被别的机构挖走了，让我特别特别心寒！没有有资质的老师，服务质量就难上去，不能形成良性循环。"（机构负责人访谈 8）

"我多年苦心培养的老师也走了，别的机构承诺年薪给他 20 万，他老家的父亲又等着用钱看病，你还留得住吗？当年他母亲病重时，我提前支付给他一年的工资，吃住都在我家，现在说这些还有用吗？近几年机构之间互挖墙脚、老师频繁跳槽，尤其是有点资历的专业人才更是如此，特别不利于正规服务和行业的发展。"（机构负责人访谈 9）

根据 2020 年开始实施的残疾人托养服务国家标准，托养服务机构人员的配置应包括管理人员、专业技术人员和工勤服务人员。托养服务人才队伍建设要包括各级管理者，社会工作者、医师、康复师、心理咨询师和护理服务人员，实现跨学科的团队合作。但从现实情况来看，成年孤独症托养服务领域除了存在专业人才短缺、待遇偏低等托养服务业的共性问题外，还存在着意外风险高、照顾沟通难度大、支持强度高、人力成本投入多和对女性服务者不友好的特殊挑战，这些都是需要政策制定者给予特别关注和考量的。

## 四、民办机构步履维艰

根据中国残联的研究测算，政府对托养服务机构的投入至少占到运营资金的70%，才能维持机构持续正常运营。我国成年孤独症托养服务机构多为民间创办，服务成本包括场地租金、人员薪资，办公行政、活动开支、水电维修、工商税务等各个方面，资金不足，运营困难，已成为民办托养服务机构的普遍现象，经费的缺口一般会在50%左右，一些机构常年处于负债经营、步履维艰的境地。

正如慧灵集团的创始人孟维娜女士所言，全国的成年服务机构几乎都是"老小树"，运营困难，新开办机构和关停机构的数量几乎是一样的，服务对象不到30人的占50%以上。①

"对于我这个民办机构来说，最大的困难就是场地租金问题。近些年房租连续上涨，一年的场地租金就是80多万，这还是人家低价租给我们的。每年一到快交房租的那段日子，我就愁得吃不下、睡不着。我现在80%的精力都用在筹资上了，顾不上业务本身，也会影响到专业水平的提升，但眼瞅没钱你就办不下去，这就是硬道理。"（机构负责人访谈6）

调研中发现不少地区的成年孤独症服务机构，都是由孤独症孩子母亲最初创办的孤独症儿童康复机构发展而来。这些妈妈型服务机构大多规模不大，多渠道筹资的能力有限，缺少持续稳定的资金投入。

"我最初创办机构是因为儿子被诊断为自闭症，这些年最难的就是资金不足。尽管从政府那儿可以获得一些康复补贴，但一般每人每月也就200元~350元，远远不够，我们也只能是苦苦支撑。这两年我们也积极申请政府购买服务项目，可不知道是因为我们不对政府的路

---

① 孟维娜，《共创小而美服务——慧灵在"共创"中的学习角色和担当角色》，2022年4月3日的直播演讲。

子，还是缺乏会做项目的人，总也申请不到。现在是没有人才就申请不来资金，反过来，资金不足也难聘到高素质的人，这都是相互制约的。正像自闭圈里办机构的妈妈们说的那样，看着孩子一天天地长大，不做大龄机构不死心，可是做了连死的心都有！办这样的机构让你大病几场、少活几年不说，还得搭上各种关系的紧张和破裂。"（机构负责人访谈10）

难以获得人才和资金的困难，加剧了托养服务机构的脆弱性。在2020年新冠肺炎疫情肆虐的情势下，残疾人托养服务机构首当其冲，大幅解体。其中，寄宿制托养服务机构从2019年的3080个下降到2022年的1458个，减少了53%。日间照料机构从2019年的5311个下降到2022年的3708个，减少了近32%。与此相应的是服务人数的锐减，2020年全国托养服务人数比2019年（116.2万）下降了一半以上，为53.7万人。居家服务人数从2019年的93.9万下降到2020年的42万。[1][2] 这些数据从一个侧面说明，托养服务是残疾人事业发展中最脆弱的一环，亟待政府和社会的支持与投入。

## 五、托养服务模式固化单一

孤独症作为一种谱系障碍，具有障碍程度不一、个体差异大、需求多样化的特点，由此也决定了成年孤独症托养服务兼具公共服务和特殊需要服务的双重性，即在一般公共服务普及普惠的同时，还应提供康复医疗和生活照料等特殊需要服务。

按照2020年开始实施的《就业年龄段智力、精神及重度肢体残疾

---

[1] 中国残疾人联合会. 中国残疾人事业统计年鉴-2020[M]. 中国统计出版社，2020：12.

[2] 中国残疾人联合会. 中国残疾人事业统计年鉴-2021[M]. 中国统计出版社，2021：12，23.

人托养服务规范》，托养机构需要根据服务对象的评估结果为其制定个别化服务方案，并进行服务质量的评价和改进；托养服务的内容除生活照料、生活自理和社会适应能力训练之外，还应包括运动功能训练和职业康复与劳动技能训练等。但实际上，由于一些托养服务机构管理机制滞后，专业人才匮乏，服务模式较为单一固化，致使托养服务行业标准化程度低，国家规定的托养服务规范无法真正落地实施。加之服务人员的专业化、职业化水平整体不足，托养机构普遍存在缺乏多学科综合服务团队和服务评估监测不到位等情况，难以满足孤独症障碍者日益增长的多样化、个性化服务需求。

## 第九节 政策建议与未来行动

### 一、将贫困重度孤独症障碍者的托养服务作为优先发展领域

市场化改革加剧了城乡、区域间托养服务的不平衡。我国近80%的托养服务对象生活在农村，但他们却得不到应有的服务。残疾、贫困和疾病的叠加，使贫困的重度孤独症障碍者处于更加不利的境地。为此，建议政府和残联组织把贫困重度孤独症障碍者的托养服务作为优先发展领域，加大服务供给力度，提供寄宿制集中照护、日间照料和居家服务，不断提升基层照护服务能力，促进基本公共服务均等化，并逐步构建重度孤独症障碍者的终生照护体系。

### 二、扶持民办托养服务机构健康发展

当前，在新冠肺炎疫情的持续影响下，民办成年孤独症托养服务机构举步维艰，亟须得到政府的扶持。国家应在"十四五"期间进一步完善资金保障制度，提高对成年孤独症托养服务的补贴标准，

在机构用地、工商税务等方面给予适度的减免或优惠，并以购买服务、民办公助或公建民营等形式助力成年孤独症服务机构的生存发展。同时应加强对托养服务机构的评估监管，促进其不断提升服务品质。

中国精协孤独症工作委员会应发挥"上情下达"和"下情上达"的职能优势，对全国成年孤独症托养服务机构的数量、服务内容、收费标准等基本情况展开调研，推动政府出台倾斜性支持政策；同时将各机构的基本状况提供给孤独症家庭，对接双方资源，发挥为服务机构和家庭排忧解难的作用。

## 三、加快专业人才的培养供给与职业建设

专业人才匮乏是滞碍托养服务业发展、影响孤独症障碍者生活质量的关键所在。为此，建议政府加紧学科专业体系建设，尽快制定专业设置标准，加强对这一专业的定岗、定向培养，加强对现有服务人员在特教学院、康复大学、医疗机构等的继续教育和岗位培训，保障合理的薪酬和完善的职业晋升机制，按照专业化、职业化的标准，加快孤独症托养服务的专业队伍建设和人才供给。

## 四、促进成年孤独症社区化服务的发展

近年来，我国成年孤独症托养服务已呈现出多元发展的态势，但对家长呼声最高的社区化服务的提供仍然严重不足。从国内外发展趋势看，未来还应进一步通过国家财政和社会资本的注入，充分发掘家庭和社区的潜在资源，建立更多的成年孤独症社区家庭和社区型康养中心，提供集居住与生活、康复教育、辅助/支持性就业、托养服务于一体的综合性服务，扩大社区化服务的可及性和可获得性，以增进

孤独症障碍者的自理自立与自主生活，减少对父母的依赖。通过教育赋能、职业赋能和参与社区融合活动，逐步增强孤独症障碍者的自信心和价值感。同时，针对一些地方对孤独症障碍者管理服务的新变化，中国精协需保持应有的敏感和关注，对上大力倡导树立现代残疾观念，对下引导家长从国家发展的大局中谋划子女的未来，大力支持和鼓励家长组织、家长社群的发展，促进孤独症障碍者享有充实而适宜的生活。

## 五、加强对孤独症障碍者的分类统计

根据目前我国的残疾人分类，孤独症障碍属于精神残疾类别。从中国残联历年发布的残疾人统计公报看，我国尚没有对孤独症障碍者进行专门的分类统计，而分类统计正是摸清和掌握我国孤独症障碍群体总体数量、人口特征、服务和保障状况的基础，也是制定相关政策的重要依据。为此，建议相关部门对孤独症障碍者进行分类统计，以更好地为政府决策提供支持。

## 六、为孤独症障碍者营造良好的支持性环境

良好的支持性环境对于孤独症障碍者的生存发展至关重要。近些年，在孤独症儿童康复问题受到家庭和社会关注的同时，成年孤独症障碍者照料服务的缺失问题愈发凸显。成年孤独症养护照料主要依靠家庭，严重"捆绑"父母，形成逆向代际照护的现状仍在持续。为此，建议政府部门加紧研究制定包括监护监督、财产托管、托养照料等在内的整体安置框架和一揽子解决方案，通过托养照护与安置服务的制度创新，不断提升孤独症障碍者等残疾人的保障和发展能力，确保政府社会责任的落实。

要构建良好的社会支持性环境，尚须广大家长积极行动，突破只在孤独症圈子里表达和言说的局限，通过多种形式的宣传倡导，逐步改变公众对于孤独症的刻板印象和错误认知。家长组织、中国精协也需要进一步畅通孤独症群体的利益表达渠道，将成年孤独症障碍者的安置问题从一个家庭的终极问题转化成社会政策议题，使之成为我国残疾人事业高质量发展的重要体现和推进国家治理现代化与政府善治的重要内容之一，为实现孤独症群体的正常对待和社会融合不懈努力。

在2022年世界孤独症日之际，中国残联主席张海迪做出重要指示："我们不仅要关切孤独症儿童的今天，更重要的是他们的明天。怎样拥有更好的生活，怎样让他们的家庭无后顾之忧？"并要求"使孤独症群体及家长得到及时、有效的服务"。[①]2022年10月13日，中国残联召开专题研讨会推进孤独症全程服务工作，强调要关注孤独症人士生命的完整性，从健全工作机制、完善服务体系、加强服务保障等方面入手，破解孤独症全程服务的短板和问题，切实增强孤独症群体的获得感、幸福感和安全感，[②]体现了残联组织对孤独症障碍者全生涯服务的重视和对孤独症家庭的现实关照。特别是2022年10月，党在二十大报告中强调要着力解决好人民群众急难愁盼的问题，并明确提出了"完善残疾人社会保障制度和关爱服务体系，促进残疾人事业全面发展"的目标和任务，相信在这一目标的指引下，在实现中国式现代化的历史进程中，孤独症群体的安置服务体系一定会逐步构建起来，孤独症障碍者也一定能够享有属于他们自己的美好生活。

---

① 中国精协孤独症工作委员会.张海迪：不仅要关切孤独症儿童的今天，更重要的是他们的明天[EB/OL]. https://www.cappdr.org/-/---456.

② 中国残联康复部.中国残联专题研讨推进孤独症全程服务工作[EB/OL].https://www.cdpf.org.cn/xwzx/clyw2/6685421fbd564554ad2c7d25683e260a.htm.

# 参考文献

[1] 民政部等.关于加快精神障碍社区康复服务发展的意见（民发（2017年）167号）[EB/OL]. https://xxgk.mca.gov.cn:8445/gdnps/pc/content.jsp?mtype=1&id=16388，2023-01-03.

[2] 习近平.高举中国特色社会主义伟大旗帜 为全面建设社会主义现代化国家而团结奋斗——习近平同志代表第十九届中央委员会向大会作的报告摘登[R/OL].http://www.npc.gov.cn/npc/c30834/202210/572b16d3e9224d81868e2dcd73337d0b.shtml，2022-10-17.

[3] 民政部等.关于开展特殊困难老年人探访关爱服务的指导意见[EB/OL]. https://xxgk.mca.gov.cn:8445/gdnps/pc/content.jsp?mtype=1&id=16114，2022-10-12.

[4] 联合国大会.残疾人权利公约[EB/OL].https://www.cdpf.org.cn/ywpd/wq/flfg/gjgywj/2f25b37a06bf404ebc1891d1c27f1c70.htm，2022-03-02.

[5] 全国人民代表大会常务委员会.中华人民共和国精神卫生法[EB/OL]. http://www.gov.cn/guoqing/2021-10/29/content_5647635.htm，2021-10-29.

[6] 全国人民代表大会常务委员会.中华人民共和国残疾人保障法[EB/OL]. http://www.gov.cn/guoqing/2021-10/29/content_5647618.htm，2021-10-29.

[7] 全国人民代表大会常务委员会.中华人民共和国老年人权益保障法[EB/OL]. http://www.gov.cn/guoqing/2021-10/29/content_5647622.htm，2021-10-29.

[8] 中国残联办公厅."十四五"阳光家园计划——智力、精神和重

度肢体残疾人托养服务项目实施方案 [EB/OL].https://www.cdpf.org.cn//zwgk/ghjh/0e3b2577ef46485c88c017ba5d5c69c8.htm，2021-09-09.

[9] 中国残联等."十四五"残疾人康复服务实施方案 [EB/OL].https://www.cdpf.org.cn/zwgk/ghjh/15434b21d97744848085a70806cbcb5b.htm，2021-08-19.

[10] 国务院."十四五"残疾人保障和发展规划（国发［2021］10号）[EB/OL].http://www.gov.cn/zhengce/content/2021-07/21/content_5626391.htm，2021-07-08.

[11] 民政部等.精神障碍社区康复服务工作规范 [EB/OL]. https://xxgk.mca.gov.cn:8445/gdnps/pc/content.jsp?mtype=1&id=14825，2021-01-18.

[12] 北京市民政局等.北京市困境家庭服务对象入住养老机构补助实施办法 [EB/OL]. http://mzj.beijing.gov.cn/art/2021/12/30/art_9372_25624.html，2020-10-28.

[13] 中华人民共和国全国人民代表大会.中华人民共和国民法典 [EB/OL]. http://www.gov.cn/xinwen/2020-06/01/content_5516649.htm，2020-06-01.

[14] 中国银保监会.信托公司资金信托管理暂行办法（征求意见稿）[EB/OL].http://www.cbirc.gov.cn/cn/view/pages/ItemDetail.html?docId=903052&itemId=951&generaltype=2，2020-05-08.

[15] 国家市场监督管理总局,中国国家标准化管理委员会.就业年龄段智力、精神及重度肢体残疾人托养服务规范（GB/T37516-2019）[EB/OL]. https://std.samr.gov.cn/gb/search/gbDetailed?id=8AA1F5D36E4FA8DBE-05397BE0A0AB19B，2019-06-04.

[16] 中国信托业协会.信托公司受托责任尽职指引 [EB/OL]. http://www.xtxh.net/xtxh/u/cms/www/201809/19095441wnkx.pdf，2018-09-18.

[17] 民政部等.残疾人服务机构管理办法 [EB/OL]. https://xxgk.mca.gov.cn:8445/gdnps/pc/content.jsp?mtype=1&id=13988，2018-03-05.

[18] 北京市残疾人联合会等.关于温馨家园综合改革的实施意见（试行）（京残发〔2017〕72号）[EB/OL]. http://www.bdpf.org.cn/cms68/web1459/subject/n1/n1459/n1508/n1509/n5655/c133917/content.html，2017-12-20.

[19] 银监会，民政部.慈善信托管理办法（银监发〔2017〕37号）[EB/OL]. http://www.gov.cn/xinwen/2017-07/27/content_5213543.htm，2017-07-27.

[20] 全国人民代表大会.中华人民共和国民法总则[EB/OL]. http://www.gov.cn/xinwen/2017-03/18/content_5178585.htm#1，2017-03-18.

[21] 中国残疾人联合会."十三五"残疾人托养服务工作计划（残联发〔2016〕29号）[EB/OL]. https://baike.baidu.com/item/"十三五"残疾人托养服务工作计划，2016-07-07.

[22] 全国人民代表大会.中华人民共和国慈善法[EB/OL]. http://www.gov.cn/zhengce/2016-03/19/content_5055467.htm，2016-03-16.

[23] 中国残疾人联合会等.关于加强残疾人社会救助工作的意见（残联发〔2015〕34号）[EB/OL]. https://baike.baidu.com/item/关于加强残疾人社会救助工作的意见，2015-08-17.

[24] 国务院.国务院关于加快推进残疾人小康进程的意见[EB/OL]. http://www.gov.cn/zhengce/content/2015-02/05/content_9461.htm，2015-02-05.

[25] 中国残疾人联合会.关于加快发展残疾人托养服务的意见（残联发〔2012〕16号）[EB/OL]. https://baike.baidu.com/item/关于加快发展残疾人托养服务的意见，2012-08-11.

[26] 国务院办公厅.关于加快推进残疾人社会保障体系和服务体系建设的指导意见（国办发〔2010〕19号）[EB/OL]. http://www.gov.cn/zwgk/2010-03/12/content_1554425.htm，2010-03-12.

[27] 中国残联办公厅，财政部办公厅.关于印发《阳光家园计划》的通知（残联厅发〔2009〕14号）[EB/OL]. http://www.lncl.org.cn/lncl/zwpd/zcfg/bszcgd/

tyfw/D4FA17F80F4047B48600704B74244F01/index.shtml，2009-12-10.

[28] 中共中央、国务院关于促进残疾人事业发展的意见（中发 [ 2008 ] 7 号）[EB/OL]. http://www.gov.cn/jrzg/2008-04/23/content_952483.htm，2008-04-23.

[29] 全国人民代表大会常务委员会. 中华人民共和国信托法 [EB/OL]. https://flk.npc.gov.cn/detail2.html?MmM5MDlmZGQ2NzhiZjE3OTAxNjc4YmY2MGUxZDAyNzE，2001-04-28.

[30] 司法部. 提存公证规则 [EB/OL]. http://www.moj.gov.cn/policyManager/regulationDetail.html?showMenu=false&showFileType=1&pkid=1696734b1e-32406388ce59e393629da6，1995-06-02.

[31] 全国人民代表大会. 中华人民共和国继承法 [EB/OL]. https://flk.npc.gov.cn/detail2.html?MmM5MDlmZGQ2NzhiZjE3OTAxNjc4YmY1YWZmOTAwYjk%3D，1985-04-10.

[32] 马廷慧. 新观念 新模式 新发展——心智障碍支持服务新路径 [M]. 北京：华夏出版社，2022.

[33] 梁慧星.《民法总论》(第六版) [M]. 北京：法律出版社，2021.

[34] 中国残疾人联合会. 中国残疾人事业统计年鉴 -2021[M]. 北京：中国统计出版社，2021.

[35] 中国残疾人联合会. 平等的历程：纪念《中华人民共和国残疾人保障法》实施三十周年 [M]. 北京：华夏出版社，2021.

[36] 何锦璇，李颖芝. 特殊需要信托：财务规划比较研究 [M]. 北京：法律出版社，2021.

[37] 中国残联残疾人事业发展中心，道路残疾人事业研究院. 中国残疾人发展与社会进步年度纵览（2020）[M]. 北京：求真出版社，2020.

[38] 周玲. 中国心智障碍者保障状况蓝皮书 [M]. 北京：中国社会出版社，

2020.

[39] 中国残疾人联合会. 残疾人托养服务理论与实践 [M]. 北京：华夏出版社，2019.

[40] 中国精神残疾人及亲友协会. 中国孤独症家庭需求蓝皮书 [M]. 北京：华夏出版社，2014.

[41] 洛娜·温. 孤独症谱系障碍——家长及专业人员指南 [M]. 孙敦科，译. 北京：华夏出版社，2013.

[42] 中国残疾人联合会. 残疾人托养服务机构建设标准（建标 166-2013）[M]. 北京：中国计划出版社，2013.

[43] 李敬，程为敏. 照顾者的困境突围 [M]. 北京：国防大学出版社，2012.

[44] 李霞. 成年监护制度研究——以人权的视角 [M]. 北京：中国政法大学出版社，2012.

[45] D.J 海顿. 信托法（第 4 版）[M]. 周翼，王昊，译. 北京：法律出版社，2004.

[46] 吴国平. 我国意定监护制度的适用与完善研究 [J]. 海峡法学，2022，24（02）：49-61.

[47] 邓勇. 我国残疾人国家监护制度的建构路径与制度设计 [J]. 残疾人研究，2022，（3）：20-27.

[48] 冯善伟. 我国特殊需要信托制度构建初探 [J]. 残疾人研究，2022，（4）：22-30.

[49] 陈敦. 老年心智障碍者保障信托的法律结构 [J]. 北方工业大学学报，2022，34（02）：13-19.

[50] 文杰. 信托与成年监护协同应用的法律规则构建 [J]. 中国高校社会科学，2022，（03）：124-135.

[51] 宋快,周宗奎. 孤独症谱系障碍者未来安置的信托模式分析 [J]. 绥化学院学报, 2022, 42 (10): 90-92.

[52] 李欣. 意定监护的中国实践与制度完善 [J]. 现代法学, 2021, 43 (02): 31-43.

[53] 杨泽荣, 刘远立. 孤独症患者康复服务政策的国内外比较研究 [J]. 中国优生与遗传杂志, 2021, 29 (04): 582-585.

[53] 刘金霞, 范晓红. 成年残疾人监护制度建设理论与实践——成年残疾人的自主决策权保障研究 [J]. 残疾人研究, 2020, (02): 23-32.

[54] 魏树发, 江卓臻. 心智障碍者保护性信托制度之创设 [J]. 石河子大学学报 (哲学社会科学版), 2020, 34 (04): 61-69.

[55] 王治江. 实现平等:《民法典》保障残疾人权益的基本理念与价值追求 [J]. 残疾人研究, 2020, (03): 3-9.

[56] 董思远. 我国职业监护人制度立法研究——兼以日本"后见人"制度为学术视点 [J]. 福建江夏学院学报, 2020, 10 (01): 53-61.

[57] 陈雪萍, 张滋越. 我国成年监护特殊需要信托制度之构建——美国特殊需要信托制度之借鉴 [J]. 上海财经大学学报, 2020, 22 (1): 137-152.

[58] 刘战旗, 谭奇元, 阳庆云, 等. 我国残疾人托养服务模式与运行机制研究 [J]. 残疾人研究, 2020, (02): 3-11.

[59] 冯浩, 朴宇芊. 我国现行成年监护制度的反思与完善——兼评《民法总则》成年意定监护相关条款 [J]. 长沙大学学报, 2019, 33 (01): 66-69.

[60] 费安玲, 周维德, 戴宇鑫. 成年心智障碍者监护制度构建之四议 [J]. 残疾人研究, 2019, (4): 54-63.

[61] 彭诚信, 李贝. 现代监护理念下监护与行为能力关系的重构 [J]. 法学研究, 2019, 41 (4): 61-81.

[62] 娄燕, 陈雪萍, 陈佳佳, 等. 成年心智障碍者家庭照顾者的照顾负

担及影响因素研究[J].中华护理教育,2019,16(01):219-224.

[63]刘艳霞,章琦,韩央迪.心智障碍人士"未来安置规划"的挑战与实践:来自日美两国的经验与启示[J].福建论坛(人文社会科学版),2019,(02):165-173.

[64]李学会,张凤琼.心智障碍者权益保障:家庭视角的审视[J].西南政法大学学报,2018,(05):58-65.

[65]谈志林,谈飞琼.论新时代残疾人社会服务体系的构建[J].行政管理改革,2018,(09):63-70.

[66]孙犀铭.民法典语境下成年监护改革的拐点与转进[J].法学家,2018,(04):16-34.

[67]杨立新.《民法总则》制定与我国监护制度之完善[J].法学家,2016,(01):95-104.

[68]叶苏扬,许莉娅.我国成年智障人士社区安置服务研究[J].中国青年政治学院学报,2014,33(06):126-130.

[69]岳宗福.我国孤独症患者社会服务保障体系的评估与思考:社会政策的视角[J].劳动保障世界:理论版,2011,(6):34-37.

[70]孙海涛,曲畅.财产信托制度在美国成年监护制度中的应用[J].北京工业大学学报(社会科学版),2010,10(2):50-60.

[71]冯梦龙.社会资本视角下大龄孤独家长群体支持网络研究——以上海意定监护实务为例[D].上海:上海师范大学,2021.

[72]段文晓.我国监护支援信托制度构建研究[D].贵州:贵州大学,2021.

[73]黄楚彦.论信托在成年监护中财产管理的替代适用[D].上海:华东政法大学,2018.

# 附录一 关于加强成年孤独症群体康复与托养服务的建议[①]

孤独症（Autism）又称自闭症，是严重危害人类健康的神经发育障碍性疾病，其特征是社会交往和情感交流能力严重受损，语言发育迟滞或丧失，兴趣狭隘，行为刻板、重复，常伴有智力低下等多重障碍，绝大多数患者无法独立生存。

孤独症在全球呈现快速增长趋势，根据2016年《中国自闭症教育康复行业发展状况报告Ⅱ》，我国有孤独症障碍者1000余万人，并以每年超过16万人的速度在增长。因孤独症病因不明，无法治愈，症状会伴随终生。近年来，在国家政策的支持下，孤独症儿童的康复、教育状况得到一定改善，但成年孤独症群体的康复服务存在严重缺失，成为社会和家庭的沉重负担。

我国于20世纪80年代初开始诊断孤独症，距今已有近40年的历史。伴随一代代孤独症儿童的成长和数量的增多，成年孤独症障碍者的康复服务和托养问题日益凸显，成为千千万万个孤独症家庭最关心、最急迫解决的问题。

## 一、现状与问题

（一）成年孤独症障碍者无处可去，能力严重退化，成为家庭的沉重负担

孤独症青少年从特殊教育学校毕业后（一般16岁），由于没有学校和企

---

[①] 此为2018年通过人大代表提交全国人大的建议，内容略有修改。

业接纳他们，只能长年囿于家中，能力迅速退化，使众多家长、教师多年艰辛教育的结果付之东流。随着处于青春期的孤独症孩子退居家中病情加重，许多家长被迫放弃工作回家看护。有些父母为了生计外出，只能将孩子以绳索相缚，进一步加重了孩子的情绪问题，造成恶性循环。根据中国精协 2015 年发布的《中国孤独症家庭需求蓝皮书》中的研究统计：孤独症家庭中母亲失业和在家专门照料孩子的占被调查者的 61.7%，另有 12.4% 做兼职，经济拮据；孤独症家庭离婚、丧偶的比例高达 18%[1]；家长"经常感到心力交瘁、压力难以承受"的达到 80.3%，亟须得到政府和社会的关注与支持[2]。

（二）成年孤独症障碍者支持性服务的严重缺失，使年迈的父母陷于绝望

更为严峻和紧迫的是，近40年来，随着一批批孤独症孩子步入成年，他们的父母也已年近古稀，疾病缠身，逐渐丧失了照料养护的能力。他们愿意倾其一生的房产、积蓄，使孩子能够在社区或托养机构中得到照料和安养，但是，由于我国成年孤独症康复、托养服务的严重缺失，他们的愿望难以实现。最近广东等地还相继出现了因年迈的老母实在无力照料而饮泪弑子、家长去世后房产被占，孩子却不知去向等令人痛心的事件。目前，"希望我能比孩子多活一天"已成为许多孤独症障碍者父母的最大心愿，凸显了孤独症家庭的绝望与悲凉。

## 二、原因分析

导致上述问题的原因主要有以下几个方面。

（一）政府或残联系统的康复机构无力接收成年孤独症障碍者

自 2003 年起，一些省市和残联系统先后在街道、乡镇建立了温馨家园或职业康复站，为各类残疾人提供服务，但是由于温馨家园的工作人员不具备

---

[1] 中国精神残疾人及亲友协会. 中国孤独症家庭需求蓝皮书[M]. 北京：华夏出版社，2014.

[2] 引自国家民政部内部资料——自闭症儿童生存现状及政策建议。

孤独症康复服务的知识，加之场地、人员等条件的限制，很少接收孤独症障碍者，即使是能够进入温馨家园的极少数轻度孤独症障碍者，也难以得到适宜的服务。

（二）民办孤独症康复机构缺乏政策资金支持，步履维艰

迫于成年孤独症障碍者无处可去的现状，近些年来，一些孤独症障碍者家长和爱心人士开始创办民间机构，但由于成年孤独症康复服务成本高、难度大，国家又缺乏针对成年孤独症康复服务的政策支持，特别是民办机构没有场地，房租的连年上涨迫使一些民办机构负债经营，相继解体，还有一些创办者不得不把主要精力用于筹资，也在一定程度上影响了康复服务的效果。

（三）能够提供成年孤独症康复服务的专业人员极度匮乏

由于我国诊断孤独症的历史不长，从事孤独症障碍者教育和康复的人员非常有限，且服务能力参差不齐，远远不能满足广大孤独症群体的康复需要。根据中国残联《2017年中国残疾人事业统计年鉴》的数据，在2016年，全国只有不到1.4万的7~17岁孤独症儿童接受过康复训练和支持性服务，而能够为18岁以上成年孤独症提供康复服务的机构和专业人员就更是数量有限，专业人员的极度匮乏已成为滞碍成年孤独症康复服务发展的一大瓶颈。

（四）孤独症社区康复服务几近空白，急需构建以个案管理为基础的社区康复支持体系

国际和港台地区成年孤独症康复服务的经验表明：个案管理支持下的社区康复服务是有效增强成年孤独症障碍者的生活自理能力，减少家庭照料，最终使其实现社会融合的重要途径，同时也是成年孤独症障碍者在父母离世后得以继续在社区中生活、安养的基本前提。但目前，国内的孤独症社区康复服务几近空白，社区中的孤独症障碍者既得不到专业评估，也

得不到个案管理人员和社工的帮助支持，所有的养护照料、康复训练责任全部由家长独自承担。

（五）成年孤独症群体面临重重困难，亟待政府托底补短

成年孤独症群体存在着起始养老时间早，缺少专业托养机构，个体需求差异大，服务成本高，普通养老机构拒绝接收等问题。极少数能够进入温馨家园的轻度孤独症障碍者也以 50 岁为限，超过年龄则必须离开。在民办机构生活的成年孤独症障碍者主要依靠父母的退休金交纳托养和生活费用，一旦父母离去，无法独立于世的成年孤独症障碍者将如何生存、得到照料，成为千千万万个孤独症家庭的终极焦虑。

上述情况表明，成年孤独症的康复服务和托养问题已成为孤独症人士生命全程的关注重点和解决难点，它反映了我国社会的民生短板和弱势群体最迫切的诉求，亟须政府出台一揽子的解决方案，进行托底补短。

## 三、具体建议

残疾人的生存发展是衡量社会文明进步的重要尺度。党的十九大报告明确提出"加强残疾康复服务"，《"十三五"加快残疾人小康进程规划纲要》对"建立健全残疾人托养服务体系，提高残疾人托养服务能力"进行了部署。2017 年 10 月颁布的《关于加快精神障碍社区康复服务发展的意见》进一步为成年孤独症群体的康复、托养服务指明了方向。孤独症群体是残疾人群体中残疾程度重、康复难度大、需要服务支持最多的群体之一，其数量之大，增速之快，已成为影响国家社会经济发展的重大公共卫生问题和社会问题。为此，本提案提出以下具体建议。

1.由民政部牵头，形成财政部、人力资源社会保障部、教育部、卫生健康委和中国残联参与的多部门合作工作机制，针对成年孤独症康复服务和终生照料问题制定切实可行的解决方案、时间表和行动路线图，保障成年孤独

群体能够得到基本的康复服务和生活照料，使成千上万的孤独症家庭看到希望。

2.建议财政部设立专项资金，增设面向成年孤独症群体的普惠性康复服务项目，并通过加大政府购买服务的力度，支持民办托养机构与社区康复服务的发展，对满足服务质量要求的民办康复机构提供财政补贴。

3.建议人力资源社会保障部根据成年孤独症群体的康复服务需要，参照国家对孤独症儿童康复训练补贴标准编制预算，对成年孤独症障碍者发放康复训练补贴，对在民办机构托养的成年孤独症障碍者按当地入住养老机构或精神病院的补贴标准发放补贴。

4.建议卫生健康委、教育部和民政部加快对孤独症康复专业人员的培养。加大对康复治疗师、心理治疗师、特教老师和社会工作者的专业培训力度，通过系统的培训、考核，使他们达到规范上岗的要求，以促进孤独症康复水平的提高。

5.建议中国残联加紧建立成年孤独症康复服务和托养的省级实验点。在借鉴国内外经验的基础上，建立以服务机构为支撑、以家庭和社区康复服务为基础的成年孤独症个案管理系统。选择有条件的康复机构作为成年孤独症社区自主生活支持中心，向辖区内的孤独症障碍者提供多元化服务。积极扶持孤独症障碍者居家康复照料服务机构，充分发挥社工、特教老师和精神卫生医生的专业优势，为孤独症障碍者居家康复服务提供指导。整合温馨家园与民办康复机构的资源，扩充温馨家园的功能，加强其工作人员的专业培训，进一步增强残联系统对孤独症康复服务的供给和品质提升。

6.建议中国精神残疾人及亲友协会充分发挥家长群体在孤独症障碍者家庭康复、居家托养和创建社区家庭中的重要作用，通过加强培训、交流、研讨等家长赋能活动，不断增强其帮助孤独症子女康复的信念和能力。

# 附录二 关于构建成年心智障碍者监护监督体系的建议[①]

根据第六次全国人口普查及第二次全国残疾人抽样调查数据推算,我国有心智障碍者2580万,[②] 主要包括孤独症/自闭症、脑瘫、智力障碍、唐氏综合征和所有精神障碍者,涉及家庭人口8000余万,且孤独症障碍者还以每年超过16万的速度在增长。[③] 绝大多数心智障碍者无法就业婚育,无法自立于世,需要其父母的终生监护照料,但伴随着他们年龄的不断增长,其父母也相继去世或年迈体衰,面临着无法继续监护照料的困境,而当心智障碍者又是独生子女时,随着传统大家庭的式微,依靠亲戚承担终生监护责任更是困难重重。近年来发生了多起父母离世后,亲属监护人侵害和虐待心智障碍者的极端案例,令广大家长无比悲愤和绝望,出现了无力继续履行监护照料责任的高龄父母饮泪弑子,然后自杀或自首的人间惨剧。"希望我比孩子多活一天"已成为众多心智障碍者家长的共同心愿,一些家庭愿意倾其所有财产交给政府,期盼由政府部门履行成年心智障碍者的监护监督职责。

---

[①] 此为2022年通过人大代表提交全国人大的建议,内容略有修改。
[②] 周玲.中国心智障碍者保障状况蓝皮书[M].北京:中国社会出版社,2020.
[③] 五彩鹿自闭症研究院.中国孤独症教育康复行业发展状况报告(Ⅱ)[M].北京:华夏出版社,2019:17-18.

## 一、必要性与可行性

从当前和未来发展看，成年心智障碍者监护的缺失已成为保障这一群体生存发展的瓶颈，也是我国数千万家庭面临的最急难愁盼的问题。习近平总书记强调："残疾人是一个特殊困难的群体，需要格外关心、格外关注。让广大残疾人安居乐业、衣食无忧，过上幸福美好的生活，是我们党全心全意为人民服务宗旨的重要体现，是我国社会主义制度的必然要求。"2021年1月1日施行的《中华人民共和国民法典》（以下简称《民法典》）第二十六条至第三十三条明确了意定监护、遗嘱监护、指定监护等，在第三十一条、第三十二条、第三十四条、第三十六条对民政部门的监护职责做出了规定，如"没有依法具有监护资格的人的，监护人由民政部门担任"。第二十四条和第三十六条也明确残联可以作为有关组织之一在进行民事行为能力认定申请和履行监护监督中的职责，如对严重侵害被监护人权益的监护人，残联亦可向法院申请撤销其监护人资格。《民法典》为民政部门履行成年心智障碍者的监护职责和残联组织做好监督工作提供了重要的法律依据。

在实践层面，伴随我国监护制度的变革和公共监护监督的势在必行，破解成年监护问题的创新实践已在北上广深等地开展起来，上海、广州成立了专业从事社会监护服务的社会监护人组织，公证机关开启为当事人办理意定监护协议与监护监督协议等业务。中国智力残疾人及亲友协会和各地的家长组织也努力探索由家长组织作为监护人或监督人，通过约定监护职责，促成心智障碍者意定监护协议的签署。这些探索实践一方面为构建我国心智障碍者监护监督体系积累了经验，但同时也因没有政府部门的明确委托或授权限制了其发展。因此，要实现我国上千万成年心智障碍者权益的有效保障就须进一步落实政府主体责任，建立完善的成年监护监督制度。

从一些国家和我国香港特区的情况看，成年心智障碍者的监护监督职责都是由政府来承担。香港于1999年设立了由特区政府资助的监护委员会，成年心智障碍者的官方监护人由社会福利署署长担任，非官方的监护人可由被监护人的亲属、社会福利署的公职人员、社工和医生担任，政府的法定监管是全流程的。在日本，为防止监护人滥用权利，更好地保障被监护人权益，建立了监护监督人制度。在日本的监护制度中，法定监护可选任监护监督人；意定监护则必须选任监护监督人，由家事法院根据意定监护协议或被监护人的实际情况进行选任或指定。监护人多是由律师、医护、社工等非亲属的专业人员共同担任，各专业监护人之间建立信息共享的联动机制，更能够满足被监护人的需求。在美国，社会组织可以依法担任心智障碍者的监护人，为他们提供多种符合需求的服务，每个监护案件都通过法院法官的授权和审查，并接受州政府的监督。

## 二、政策建议

1. 鉴于我国实行意定监护的时间不长，案例和经验积累有限，建议先行在有实践基础的一线城市启动成年心智障碍者监护监督的试点工作，以此为基础，加强对成年心智障碍者监护监督的制度建设。建议由民政部牵头，会同政府相关部门共同制定监护监督制度、执行及评估标准，出台相关政策，构建有中国特色的成年心智障碍者监护监督体系。

2. 对父母离世或父母无力监护照料的成年心智障碍者，建议由民政部门依法履行监护监督的主体责任，确定相应的职能部门和责任人，并引导或委托有资质的社会监护组织参与其中，为他们及其家庭提供监护监督服务。

3. 鉴于我国社会监护组织的极度缺乏，建议民政部和相关政府部门大力扶持、培育社会监护组织的发展，加强对专业监护人和监督人的培养，促进监护服务的专业化、社会化发展；开展对居（村）委会人员的专项业务培训，以推动《民法典》相关条款的落地实施。

4.建议残联组织进一步强化维权职能，确定对监护行为进行监督的部门、人员及工作考核标准，切实加强对托养机构服务品质、监护人资格及履职情况的监督，有效保障心智障碍者的合法权益。

# 后 记

作为一名研究者，一生致力于学术研究，但未曾想自己会在年近古稀之时，出版一部与孤独症相关的研究专著。

这真是一部不揣浅薄之作，因为做孤独症障碍者未来安置研究所应需具备的法律、金融、托养服务知识都不是平生所学，我是缺乏这方面学科背景和专业训练的。之所以会涉足这样一个自己并不熟悉的研究领域，确定这样一个复杂的研究命题，并非出于个人的研究志趣，而只是感到"需要"和"应该"而已。

面对"我走了，孩子怎么办"的终极拷问，身为中国第一代孤独症障碍者的母亲，我接触过许多忧心忡忡的家长，我能深切地体味这种无所适从的迷茫和焦灼。我决心探寻这一问题，找出前行的方向。

研究的过程有些不堪回首。

"孤独症障碍者的未来安置"真是一个异常烧脑、令家长烦忧的议题，但我必须把自己沉浸其中，从各位被访者无奈的安置困局中体验人生悲苦，在破解这一困境的道路上努力求索。多少个日夜我在这个陌生的领域搜寻着前人的足迹，希望得到前人智慧的启迪，然而出乎意料的是学界对孤独症未来安置的研究竟如同尚未开垦的荒芜之地，缺乏思想的滋养、观点的碰撞，我犹如在荒漠中孤独跋涉。

我曾长时间纠结于本书的旨向与内容，在是面向家长还是面向政府或是学界间徘徊不定，期望内容是知识性的，能对家长有所助益，倡导性的，能促进政策发展，同时又不失为一部学术研究著作。渴求能够毕其功于一役的原因，源于时不我待的危机感与紧迫感。整个研究过程使我深切体悟了衰老与疾病的困扰，不是凭借意志坚强、心中有爱就能克服的。这是一个备受煎熬的过程，我多少次自问，这种废寝忘食、自残式的研究到底还能坚持多久？我也时时提醒自己，要保持理性和定力，以免长期写作使身心陷于紧张焦虑之中难以自拔。

我力求从国际与国内、历史与现实的连接中回答我国的孤独症障碍者安置进展到了哪里的问题，当下我们可有哪些选择和未来可能的行动方向。然而跨专业和多学科的一己研究，又时时让我体验着什么叫隔行如隔山。从对每一个专业词汇的辨析，到各种监护类型、信托功能、托养照料模式的厘清与概括，以及三者之间对孤独症家庭未来安置的交互影响；从题旨的锤炼、脉络的呈现、结构的设置、内容的铺陈，到问题的剖析、对策的思考，乃至文字的表述，我都会反复斟酌、不断质疑、自我批判、修正和调整，其间数易其稿。

每当我陷于无解的安置难题，殚精竭虑却难以为继时，就会想起访谈中那位用柔韧的肩膀为残疾子女撑起遮风避雨之家的单亲母亲，身患癌症却仍在为这一群体不懈努力的老年家长，在困境中坚守的各地的成年孤独症服务机构……他们面对人生逆境却笑谈苦难悲欢，正是他们与孤独症谱系障碍进行顽强抗争的精神不断激励着我。

所幸的是，当我竭尽全力去做一件事时，总会得到护佑和升华。我渐渐从一开始的备受煎熬转变成唯有沉浸于写作，才能获得心灵的安宁，进入到纯粹而忘我的境界，感受超越一切烦忧的澄静与美妙。即使在一波波疫情袭来之时，也能远离喧嚣，笔耕不辍。2022年岁末，本书在我和家人被新冠轮番感染中终得定稿。这真是人生的一场历练与修行，自己的残障观念和学术理念在这一过程中不断地得以更新、提升。

感谢我的亲人，感谢先生多年来的理解和分担。感谢儿子，为完成这部书他失去了许多本该属于他的宝贵陪伴时光！多少次他推开书房门，望着我欲言又止、默默退出的无奈神情，至今令我泪目！感恩父母给予我的坚韧和力量，使我能够经受内心的煎熬、战胜身体的不适，心无旁骛地沉浸于学术研究之中。

尽管我为本书的写作竭尽心力，但最终仍不能令我满意，即使是对书名中的"安置"一词，我也总有一种将孤独症障碍者物化、没能体现其自主性的感觉。又如书稿交付出版后，国内在孤独症障碍者安置方面的最新进展无法得以呈现，等等。

孤独症障碍者的安置是一个极具挑战性的世界难题，也是一项复杂的社会系统工程，除了本书重点论及的监护监督、财产信托和托养照料外，孤独症障碍者的医疗保障、就业支持、交通出行、交往陪伴、休闲娱乐也都是安置的内容，这些内容还有待于研究者继续丰富、深化，引发更多的社会关注，以惠及孤独症障碍者群体。